Hans Morschitzky/Thomas Hartl
Raus aus dem Schneckenhaus

Hans Morschitzky/Thomas Hartl

Raus aus dem Schneckenhaus

Soziale Ängste überwinden

Patmos

Für die Schwabenverlag AG ist Nachhaltigkeit ein wichtiger Maßstab ihres Handelns. Wir achten daher auf den Einsatz umweltschonender Ressourcen und Materialien. Dieses Buch wurde auf FSC®-zertifiziertem Papier gedruckt. FSC (Forest Stewardship Council®) ist eine nicht staatliche, gemeinnützige Organisation, die sich für eine ökologische und sozial verantwortliche Nutzung der Wälder unserer Erde einsetzt.

Bibliografische Information der Deutschen Nationalbibliothek
Die Deutsche Nationalbibliothek verzeichnet diese Publikation in der Deutschen Nationalbibliografie; detaillierte bibliografische Daten sind im Internet über http://dnb.d-nb.de abrufbar.

Umschlagmotiv: © fotolia
Druck: CPI – Ebner & Spiegel, Ulm
Hergestellt in Deutschland
ISBN 978-3-8436-0025-5

Inhalt

Einleitung

Wir leben in einer Welt, in der es nicht mehr genügt, einfach nur fachlich gut zu sein. »Soziale Kompetenz« lautet das Zauberwort. Eigenschaften und Verhaltensweisen wie selbstsicheres Auftreten, Kontaktfreudigkeit, Durchsetzungsfähigkeit, Konfliktbereitschaft und Führungsfähigkeit gelten als Türöffner zum beruflichen und privaten Erfolg. Es kommt immer mehr darauf an, sich optimal präsentieren und »verkaufen« zu können. Die Wortgewandten, Lautstarken, Selbstdarsteller, Mutigen und Dominanten beherrschen die Bühne des Lebens. Die Medien führen es uns vor: Auffallen um jeden Preis macht prominent, je schriller, desto besser! »Netzwerker« haben es leichter auf dem Weg zum Erfolg. Gefordert sind Menschen, die ein soziales Beziehungsnetz aufbauen und erweitern können, um dann ihre Sozialkontakte gewinnbringend nutzbar zu machen. Die Erfolgsfaktoren von Führungskräften sind: Kommunikationsfähigkeit, Kooperationsfähigkeit, Teamfähigkeit, Konfliktfähigkeit, Kontaktfähigkeit, Empathiefähigkeit, Rollenflexibilität, interpersonelle Flexibilität, Kompromiss- und Durchsetzungsfähigkeit.

Das Motto der Erfolgreichen lautet: Jede Chance muss genutzt werden, keine Gelegenheit darf ausgelassen werden! Schüchterne und sozial ängstliche Menschen führen dagegen ein Leben der verpassten Gelegenheiten. Sie blockieren sich in vielen sozialen Situationen durch die stets gleiche Frage: »Was werden die anderen von mir denken?« Schüchternheit und soziale Ängste wirken sich nachteilig aus in einer Welt, in der es mehr um Schein als um Sein, mehr um Agieren als um Reagieren geht.

Gleichzeitig weisen Fachleute auf eine andere erstaunliche Entwicklung hin: Soziale Ängste sind laut Studien im Zunehmen begriffen. Spiegelt sich in diesem Trend nur der wachsende Druck auf jeden von uns wider, noch besser bei anderen ankommen zu müssen, um in einer Welt zunehmender Individualisierung nicht unterzugehen? Oder handelt es sich dabei nur um eine Panikmache von Pharmaindustrie, Ärzten, Psychologen und Psychotherapeuten? Psychiatriekritiker warnen davor, soziale Ängste vorschnell zu pathologisieren, mit dem Ziel, daraus ein Geschäft zu machen. Die Pharmakonzerne würden durch die relativ neue Diagnose der sozialen Phobie nur den Kreis der Konsumenten ihrer Medikamente erweitern, die Psychotherapeuten die Zahl ihrer Klienten und die Länge ihrer Therapien erhöhen mit dem irrealen, nie erreichbaren Ziel, zu einem unerschütterlichen Selbstbewusstsein zu verhelfen.

Trotz aller Kontroversen steht fest: Das Thema soziale Ängste hat seit etwa 20 Jahren in der Bevölkerung und in der Fachwelt zunehmende Bedeutung erlangt, wie die steigende Anzahl von entsprechenden Fachbüchern und Selbsthilferatgebern belegt. Im Vergleich zum dramatischen Verlauf einer Panikstörung, die häufig dazu führt, dass die Betroffenen stationäre und ambulante Hilfe suchen, handelt es sich bei der sozialen Phobie um eine eher »stille« Störung, die oft erst wegen ihrer langjährigen negativen Auswirkungen behandelt wird. Die Betroffenen verkriechen sich in ihrem Schneckenhaus und lassen viele Chancen des Lebens ungenutzt.

Als Autoren möchten wir – ein Psychotherapeut und ein Journalist – Ihnen Mut machen, Ihr Schneckenhaus zu verlassen oder – wenn Sie durchaus »mitten in der Welt« stehen – Ihnen Ratschläge anbieten, wie Sie anderen Menschen weniger ängstlich begegnen können. Unser Buch informiert in allgemein verständlicher Weise über die ganze Bandbreite sozialer Ängste (von belastender Schüchternheit über normale soziale Ängste bis hin zu sozialen Phobien und sozialen Angststörungen), regt zu deren selbstständiger Bewältigung an und bereitet bei Bedarf eine Psychotherapie vor. Es umfasst drei Teile: Der erste Teil beschreibt die Vielfalt normaler und krankhafter sozialer Ängste, der zweite Teil deren Ursachen, Auslöser und Verstärker, der dritte Teil vermittelt hilfreiche Strategien im Umgang mit der Angst. Teil 3 ist umfangreicher als Teil 1 und 2 zusammen, weil wir nicht nur informieren, sondern auch zahlreiche konkrete Hilfestellungen anbieten möchten.

Durch unser Buch zieht sich eine zentrale Botschaft: *Kämpfen Sie nicht ständig gegen Ihre sozialen Ängste, sondern akzeptieren Sie diese als einen momentanen Zustand.* Dann können Sie alle Energie dafür aufwenden, das zu tun, was Sie in Gesellschaft anderer Menschen tun möchten.

Unser Buch berücksichtigt die drei Phasen der Veränderung:

- *Erkennen und Verstehen.* Zahlreiche Informationen sollen Ihnen zu einem umfassenden Selbstverständnis verhelfen.
- *Akzeptieren und Integrieren.* Mehr Selbsterkenntnis ermöglicht Ihnen eine bessere Akzeptanz Ihres Wesens in dem Sinne, dass Sie Schüchternheit und soziale Ängstlichkeit in Ihre Persönlichkeit integrieren können, ohne sich deswegen zu schämen oder gar abzulehnen.
- *Handeln und Verändern.* Wissen und Akzeptieren erleichtert Ihnen die Veränderung, weil Sie sich innerlich nicht mehr abwerten, sondern alle Kraft zum Handeln nutzen. Wir möchten Sie zu sozialen

Aktivitäten ermutigen und anleiten, damit Sie neue Erfahrungen machen können, die das Vertrauen in Ihre Fähigkeiten sowie in Ihre Mitmenschen stärken.

Wir danken der Lektorin des Patmos Verlags, Dr. Christiane Neuen, für die Anregung, dieses Buch zu schreiben, und für ihre wertvolle Unterstützung bei der Gestaltung des Textes.

Hans Morschitzky, Thomas Hartl

Teil I
Die Vielfalt sozialer Ängste

Ich kenne keinen sicheren Weg zum Erfolg,
nur einen zum sicheren Misserfolg –
es jedem recht machen zu wollen.

PLATON

Der erste Teil des Buches präsentiert die Vielfalt sozialer Ängste und beschreibt drei große Gruppen: belastende Schüchternheit, normale soziale Ängste und krankhafte soziale Ängste (gegenwärtig offiziell *soziale Phobie* genannt, zunehmend jedoch als *soziale Angststörung* bezeichnet). Zwischen normalen und krankheitswertigen sozialen Ängsten besteht ein fließender Übergang. Belastende Schüchternheit befindet sich am »normalen Anfang« des Spektrums sozialer Angst, die soziale Phobie am »pathologischen Ende«. Ein Überblick über die wichtigsten statistischen Daten zur Häufigkeit von sozialen Ängsten sowie deren Begleit- und Folgesymptomatik rundet den ersten Buchteil ab.

Schüchternheit: Zurückhaltung und Gehemmtheit in sozialen Situationen

Leichter erträgt man das, was einen ärgert,
als das, was einen beschämt.
TITUS MACCIUS PLAUTUS

Sind Sie schüchtern? Dann sind Sie in guter Gesellschaft

Umfragen über Schüchternheit beginnen oft mit folgender Frage: »Halten Sie sich für schüchtern?« Was verstehen Sie eigentlich darunter, wenn Sie diese Frage mit Ja oder Nein beantworten? Der Begriff Schüchternheit wird zwar von den meisten Menschen ohne nähere Erklärung verstanden, aber verschieden interpretiert. Da es keine einheitliche, allgemein verbindliche Definition gibt, ist das gebräuchliche Wort »schüchtern« sehr vieldeutig.

Wir fragen Sie präziser: Sind Sie in sozialen Situationen körperlich angespannt, innerlich unsicher, sehr vorsichtig, leicht verlegen und nach außen hin sehr scheu, zurückhaltend und gehemmt? Dann gelten Sie nach allgemeinem Verständnis als schüchtern. Ob dies ein Problem für Sie darstellt, ergibt sich aus Ihrer Antwort auf die Frage: Leiden Sie unter Ihrer Schüchternheit? Vermutlich doch mehr oder weniger, sonst hätten Sie wohl nicht zu unserem Buch gegriffen, in der Hoffnung, dass wir Sie bei der Überwindung Ihrer Angst vor Menschen und beim Abbau Ihrer Hemmungen in Anwesenheit anderer unterstützen können. Das ist tatsächlich unser Ziel: Wir möchten mit unserem Ratgeber Ihre Chancen auf mehr Erfolg in Schule, Beruf und Sozialbeziehungen erhöhen und Ihnen gleichzeitig helfen, sich so anzunehmen, wie Sie sind. Sie müssen kein Partylöwe werden, um erfolgreich zu kommunizieren. Es genügt, sich so zu verhalten, dass Sie Ihre kleinen Wünsche und großen Ziele verwirklichen können.

Schüchternheit ist kein unausweichliches Schicksal, keine Schande und keine Krankheit. Auch wenn Sie in sozialen Situationen Beklemmungsgefühle haben, können Sie andere Denkmuster entwickeln, neue Verhaltensweisen wählen und sich so neue Lebensmöglichkeiten eröffnen. Studien zeigen: Schüchterne Menschen sind in Bezug auf Partnerschaft und Familie – ebenso wie in Bezug auf den beruflichen Aufstieg – zwar später dran als nichtschüchterne, die Chancen auf eine Beziehung und auf Erfolg sind jedoch gut, wenn sie einmal die Gelegenheit beim Schopf packen.

Wenn Sie durch und durch oder auch nur ein bisschen schüchtern sind, haben wir zunächst einmal eine gute Botschaft für Sie, die Sie überraschen wird: Sie gehören *nicht* zu einer kleinen Minderheit in unserer Gesellschaft. Viele Menschen erleben sich in bestimmten Situationen als schüchtern. Schüchternheit ist ein normales menschliches Wesensmerkmal. Die schlechte Botschaft kennen Sie allerdings auch: Schüchternheit ist in unserer Gesellschaft kein beliebter Charakterzug. In der westlich-industriellen Welt, die Eigenschaften wie Wortgewandtheit, Kontaktfreudigkeit, Selbstsicherheit und Durchsetzungsfähigkeit idealisiert, gilt Schüchternheit als Makel und Schwäche.

Die *belastenden Seiten der Schüchternheit* erleben Betroffene beinahe täglich am eigenen Leib: Wer schüchtern ist, fühlt sich unter anderen Menschen körperlich und seelisch unwohl, steht nicht gerne im Mittelpunkt der Aufmerksamkeit, vermeidet jede Auffälligkeit, sogar wohlwollende Zuwendung. Selbst eine öffentliche Ehrung anlässlich des Geburtstages oder einer besonderen Leistung wird als unangenehm oder peinlich erlebt – vor allem, wenn danach Dankesworte an die Anwesenden zu richten sind. Die Symptome sind altbekannt: das Herz pocht, die Kehle ist trocken, es wird einem flau im Magen. Schüchterne Menschen reden nicht gerne in der Öffentlichkeit, sie bleiben lieber im Hintergrund, wo sie sehr erfolgreich tätig sein können. Eine Beförderung als Folge ihrer Tüchtigkeit bereitet ihnen oft großen Stress, weil sie dadurch stärker im Mittelpunkt stehen.

Es gibt aber auch *positive Aspekte der Schüchternheit*, die in der heutigen Gesellschaft leicht übersehen werden: Schüchternheit kann ein liebenswürdiger Charakterzug sein. Nach wie vor finden manche Männer gerade schüchterne Frauen charmant und anziehend – und umgekehrt. Schüchterne Menschen können oft gut beobachten und sehr aufmerksam zuhören, sich leicht in andere einfühlen, ihre Bedürfnisse sehr sensibel wahrnehmen und engagiert darauf reagieren. Sie wirken höflich, bescheiden, zuvorkommend und rücksichtsvoll, drängen sich ihren Mitmenschen nicht ungebeten auf und können in der Anfangsphase von sozialen Situationen die nötige Distanz wahren. Schüchterne heben sich angenehm ab vom völlig gegenteiligen Menschenschlag, der charakterisiert ist durch Distanzlosigkeit, Aufdringlichkeit, Ungehemmtheit,

Selbstdarstellung, fehlende Selbstkritik, egozentrisches Denken, Fühlen und Handeln ohne Rücksicht auf die Bedürfnisse anderer. Während schüchterne Menschen übermäßig lange brauchen, um in sozialen Kontakten warm zu werden, überspringen aufdringliche Personen in unangenehmer Weise alle Phasen des näheren Kennenlernprozesses.

Ein Lob der Schüchternheit? Zweifellos – vor allem in einer Welt, in der es immer härter und rücksichtsloser zugeht. Ohne die positiven Fähigkeiten der Schüchternen wäre die Welt ärmer und kälter. Viele Betroffene haben nur einen Kardinalfehler: Sie können zwar gut auf andere eingehen, jedoch zu wenig aus sich herausgehen, um ihre Bedürfnisse ausreichend zu vertreten und sich für sie einzusetzen.

Falsche Bilder von Schüchternheit in der Öffentlichkeit

Über schüchterne Menschen sind viele falsche Meinungen im Umlauf, in der Bevölkerung ebenso wie bei Fachleuten. »Schüchtern« wird oft mit »sozial ängstlich« gleichgesetzt. Persönliche Lebenserfahrungen und Studien belegen jedoch übereinstimmend: Viele Schüchterne sind keineswegs sozial ängstlich und viele sozial Ängstliche sind überhaupt nicht schüchtern. Die häufigste »normale« soziale Angst – die Angst vor einer öffentlichen Rede – hat nichts mit Schüchternheit zu tun, sondern mit der Angst vor Blamage, und betrifft daher auch viele nichtschüchterne Menschen.

Die Begriffe *Schüchternheit* und *soziale Angst* bezeichnen nicht dasselbe. Von zentraler Bedeutung ist folgende Unterscheidung: Schüchterne neigen in sozialen Situationen aufgrund ihrer anfänglichen Gehemmtheit zur Zurückhaltung, sozial Ängstliche dagegen versuchen häufig, soziale Situationen ganz zu meiden. Schüchterne ergreifen in unvertrauten Situationen nie die Initiative und bleiben lieber im Hintergrund, sie warten darauf, dass andere auf sie zugehen und ein Gespräch beginnen. Nach der »Starthilfe« durch andere Menschen können sie aber lockerer und durchaus sozial kompetent reagieren, während sozial ängstliche Menschen aus Angst vor negativer Beurteilung weiterhin angespannt bleiben. Schüchterne haben Angst vor jedem »ersten Mal«, sozial Ängstliche fürchten sich auch vor dem »x-ten Mal«, weil sie trotz positiver zwischenmenschlicher Erfahrungen das Restrisiko von sozialer Kritik und Ablehnung nicht tolerieren können. Schüchterne Menschen sind nicht menschenscheu in dem Sinne, dass sie soziale Kontakte vermeiden, wie zahlreiche Sozialphobiker dies tun. Sie verhalten sich nach außen hin zwar »wie ein scheues Reh«, bleiben innerlich aber kontaktbereit und kontaktfähig, wenngleich sie sich anfangs schwer einbringen können. Schüchternheit lässt sich im Laufe des Lebens leichter aus eigener Kraft überwinden als die Neigung zu sozialen Ängsten und Phobien. Schüchternheit ist oft nur ein vorübergehendes Phänomen, soziale Angst dagegen ein langjähriger, manchmal andauernder Zustand.

Schüchtern sein bedeutet zwar, zurückhaltend aufzutreten, aber nicht zurückgezogen zu leben. Viele Schüchterne sind nicht introvertiert oder ungesellig, wie man aufgrund des äußeren Eindrucks leicht glauben könnte. Umgekehrt sind viele Introvertierte gar nicht schüchtern oder sozial ängstlich, sie beziehen vielmehr ihre Kraft aus sich selbst heraus und sind einfach gerne allein, sie haben keine sozialen Kontaktprobleme und können bei Bedarf durchaus in der Öffentlichkeit wirksam auftreten, es fehlt ihnen nur das Kontaktbedürfnis. Viele Schüchterne sehnen sich dagegen nach sozialem Kontakt, sie halten Gruppensituationen aber nur schwer aus, weil sie aufgrund ihrer Denkmuster, Gefühle, körperlichen Zustände und Verhaltensweisen nicht in der Lage sind, diese Kontakte befriedigend und erfolgreich mitzugestalten.

Schüchterne Menschen können entweder introvertiert oder extrovertiert sein. Anders formuliert: Es gibt schüchterne und nichtschüchterne Introvertierte wie auch schüchterne und nichtschüchterne Extrovertierte. Es mag erstaunlich klingen: *Introvertiert Schüchterne*, die ihr Wesen einigermaßen akzeptiert haben, leiden unter ihrem So-Sein oft weniger als *extrovertiert Schüchterne*, die nach einer gewissen Aufwärmphase in gut strukturierten sozialen Situationen, wie etwa im Rahmen von Vereinen oder Ausbildungen, durchaus aktiv sein können, es aber in weniger gut strukturierten sozialen Situationen und vor allem in sehr persönlichen Begegnungen schwer haben, sich zu öffnen. Das Problem ist oft nicht die Schüchternheit an sich, sondern wie diese von den Betroffenen erlebt und bewertet wird. Je größer die Diskrepanz zwischen dem momentanen Ist-Zustand und dem gewünschten Soll-Zustand ist, desto größer ist der persönliche Leidensdruck.

Schüchternheit wird gewöhnlich als ein Persönlichkeitsmerkmal verstanden, von dem das Verhalten in vielen verschiedenen Situationen geprägt wird. Zahlreiche Menschen sind jedoch nur in ganz bestimmten Situationen schüchtern, vor allem gegenüber fremden Menschen, gegenüber Autoritäten und gegenüber Personen des anderen Geschlechts.

Sich schüchtern zu fühlen und sich schüchtern zu verhalten sind zwei unterschiedliche Dinge. Viele können es nicht glauben, doch schüchtern können auch Menschen sein, denen man es gar nicht ansieht. Ganz un-

terschiedliche Menschentypen und viele berühmte Persönlichkeiten –
Politiker, Filmstars, Schauspieler, Musiker, Fernsehmoderatoren, Sportler – halten sich selbst für schüchtern, auch wenn sie in der Öffentlichkeit
sehr erfolgreich auftreten. Zahlreiche Prominente, die im Rampenlicht
stehen und dort spontan und schlagfertig auftreten, sind im privaten Bereich schüchtern, wenn sie keine Rolle mit vorgegebenem Dialog und
Drehbuch innehaben, sondern Smalltalk pflegen und ein wenig über sich
selbst erzählen sollen. Sie verhalten sich wie die zahlreichen schüchternen, aufgrund ihrer Fachkenntnis jedoch oft wortreichen Verkäufer im
Baumarkt oder Elektrofachhandel, die nicht in der Lage sind, mit ihren
Kolleginnen in der Pause auch nur fünf Minuten lang ein paar persönliche Dinge auszutauschen.

Die privat bzw. heimlich Schüchternen sind gegenüber den offen
Schüchternen ganz deutlich in der Mehrheit: Nur knapp 20 Prozent
der Schüchternen sind auffällig schüchtern, mindestens 80 Prozent der
Schüchternen sind dagegen »heimlich schüchtern«. Schüchterne Menschen sind keine »geborenen Versager«; sie können im beruflichen und
privaten Leben durchaus sehr erfolgreich sein. Das Bild der Schüchternheit ist deshalb so negativ, weil es von der Sicht auf sozial ängstliche Personen geprägt ist, die in sozialen Situationen so beeinträchtigt sind, dass
sie deswegen unangenehm auffallen oder gar erhebliche Folgeprobleme
in Kauf nehmen müssen.

Zwei Grundformen der Schüchternheit

Fachleute unterscheiden zwei Arten der Schüchternheit:
1. *Schüchternheit als Temperamentsfaktor.* Diese Form der Schüchternheit äußert sich in einer konstitutionell bedingten Verhaltensgehemmtheit, die ab dem Ende des ersten Lebensjahres in unbekannten
   Situationen auftritt. Es handelt sich dabei um eine biologisch geprägte
   Scheu vor allem Neuen und Fremden, die in einer von anderen wahr-
   nehmbaren körperlichen Erregung zum Ausdruck kommt. Unvertraute Menschen, aber auch unsichere Situationen und unbekannte
   Ereignisse lösen eine starke körperliche Aktivierung im Sinne einer
   Fluchtbereitschaft aus.
   Eine ausgeprägte Verhaltensgehemmtheit gegenüber allem Unbekannten kommt in den ersten Lebensjahren bei etwa 10–15 Prozent
   der Kinder vor und stellt keinen Risikofaktor für die spätere Entwicklung einer sozialen Phobie dar, solange es keine negativen Lebens-

erfahrungen gibt, die die übermäßige Gehemmtheit verstärken. Erst eine ungünstige Wechselwirkung von Erbe und Umwelt kann folgenschwere Auswirkungen für bestimmte erheblich schüchterne Menschen haben. Dies bedeutet: Schüchternheit und Gehemmtheit *allein* führen nicht zur Entwicklung einer sozialen Angststörung.

2. *Schüchternheit als Form der sozialen Angst.* Diese Schüchternheitsvariante beruht auf der Angst vor kritischer Beurteilung und gilt als eine Form der sozialen Angst. Sie tritt frühestens ab dem 6. Lebensjahr auf, sobald die geistige Fähigkeit vorhanden ist, sich aus der Perspektive anderer Menschen wahrzunehmen. Sie erreicht zwischen dem 14. und 17. Lebensjahr durch bestimmte Denkmuster einen Höhepunkt und äußert sich dann in einer verschärften Selbstwahrnehmung und mangelnden Spontaneität. Die soziale Gehemmtheit, die oft mit einer körperlichen Erstarrung einhergeht, wird ausgelöst durch Fragen wie: »Was denken die anderen von mir?« »Werden sie mich kritisieren oder gar ablehnen?« Die reale Erfahrung von sozialer Zurückweisung durch bedeutsame Bezugspersonen wie Familienmitglieder oder Gleichaltrige führt dazu, dass neuerliche soziale Kritik angstvoll erwartet wird. Trotz des intensiven Wunsches nach sozialem Zusammensein besteht eine überängstliche Vorsicht, die in ständiger Beobachtung der eigenen Person und in anhaltender Beschäftigung mit den Gedanken sowie den gefürchteten ablehnenden Verhaltensweisen anderer zum Ausdruck kommt. Schüchternheit stellt in diesem Zusammenhang – ähnlich wie eine Phobie – den Versuch dar, Angst zu vermeiden, die durch zu rasche Nähe entstehen würde. Es ist vor allem diese im Laufe der Schulzeit und des Erwachsenenalters erworbene sozial ängstliche Schüchternheitsform, die die Entwicklung einer sozialen Phobie begünstigt, insbesondere, wenn sie zu der ersten Grundform von Schüchternheit, der konstitutionell bedingten Verhaltensgehemmtheit, hinzukommt.

Grundprobleme schüchterner Menschen

1. Schüchterne Menschen benötigen eine verlängerte Anlaufzeit und eine Vertrauen fördernde *Aufwärmphase* in sozialen Situationen. Sie brauchen länger als andere, sich an neue Menschen, Orte und Situationen zu gewöhnen. Als Folge davon haben sie das Bedürfnis, sich Schutzzonen zu schaffen, um nicht überfordert zu werden. Schüchterne dürfen sich in sozialen Situationen nicht selbst drängen und

schon gar nicht von anderen zwingen lassen, rascher als möglich soziale Kontakte aufzunehmen. Wenn schüchterne Menschen genug Zeit
haben, mit Fremden erst einmal »warm zu werden«, sich an neue Situationen zu »akklimatisieren« und das Unvertraute vertraut zu machen, können sie langsam »auftauen« und ihre soziale Gehemmtheit
verlieren. Nach einer ausreichend langen Phase des Vertrautwerdens
können schüchterne Menschen von sozialen Situationen viel mehr
profitieren als sozialphobische Menschen, die durch ihre anhaltende
Furcht vor negativer Beurteilung körperlich und seelisch weiterhin
angespannt bleiben oder gar zur Flucht tendieren. Schüchterne neigen
aus einem übermäßigen Sicherheitsbedürfnis zwar zum Festhalten am
Bekannten und finden nicht so rasch neue Freunde wie andere Menschen; wenn sie jedoch das Wagnis des Ungewissen auf sich nehmen,
haben sie durchaus Chancen auf einen guten sozialen Anschluss.

2. Schüchterne Menschen leiden unter einem *Annäherung-Vermeidungs-
   Konflikt*. Ihr Wunsch nach Annäherung und ihr Bedürfnis nach Vermeidung sind gleich stark ausgeprägt. Sie befinden sich in einem Di-
   lemma: Sie sind einerseits kontaktorientiert, haben andererseits aber
   Angst vor dem Kontakt. Sie verharren im Abwägen der Möglichkeiten und Gefahren: Sie möchten gerne auf andere Menschen zugehen,
   aus Angst vor Verletzung, Kritik und Ablehnung vermeiden sie jedoch viele soziale Situationen. Die Sehnsucht, sich zu öffnen, verstanden und bestätigt zu werden, macht Schüchterne verletzlich. Nur die
   sichere Distanz schafft Kontrolle über die Mitmenschen und die eigenen Gefühle. Von der Verstandesseite her ist das Motto klar: »Wer
   wagt, gewinnt!« Von der Gefühlsseite her können schüchterne Menschen jedoch das Risiko von innerer Verletzung und äußerer Kritik
   oder gar Ablehnung nur schwer eingehen. Schüchterne befinden sich
   in einem Konflikt zwischen dem Streben nach Individualität und
   dem Bestreben nach Konformität, zwischen dem Bedürfnis nach persönlicher Entfaltung und dem Wunsch nach Anpassung an kulturelle
   Standards bzw. vermeintliche Erwartungen anderer Menschen, zwischen der Akzeptanz des Andersseins und dem Wunsch nach Gleich-
   oder Ähnlichsein.

Normale soziale Ängste:
Angst vor Peinlichkeit, Bewertung und Ablehnung

Soziale Angst: Mittelpunktsangst in sozialen Situationen

Läuft bei Ihnen, während Sie mit anderen sprechen oder Sie sich in der Öffentlichkeit befinden, ein innerer Monolog ab, der so lauten könnte? »Bin ich gut genug? Wie sehe ich aus? Wie komme ich an? Was halten die anderen von mir? Wer beurteilt mich kritisch? Was ist, wenn sie mich nicht mögen? Was passiert, wenn ich versage? Hoffentlich mache ich nichts falsch!« Sind Sie vor wichtigen Auftritten öfter nervös und ängstlich verspannt? Ist es Ihnen unangenehm, im Mittelpunkt der Aufmerksamkeit zu stehen? Beobachten Sie sich in sozialen Situationen oft sehr penibel, ob Sie alles richtig machen, um Kritik zu vermeiden? Würden Sie manchmal lieber die Flucht ergreifen, wenn Ihnen etwas peinlich ist? Grübeln Sie öfter nach, welchen Eindruck Sie wohl hinterlassen haben? Haben Sie einerseits Angst, zu viel beobachtet zu werden, und andererseits Angst, übersehen zu werden? Je mehr dieser Fragen Sie bejahen, desto mehr beeinflussen soziale Ängste Ihre zwischenmenschlichen Kontakte.

Soziale Ängste zeigen sich in vielfältigen Formen. Vor einer Gruppe zu reden, Personen des anderen Geschlechts anzusprechen oder vor Autoritäten aufzutreten, gelten als die häufigsten Angst machenden Situationen. Wer kennt nicht die Aufregung vor Auftritten und Präsentationen, die Furcht vor Prüfungen, die Peinlichkeit, durch eine kleine Ungeschicklichkeit unfreiwillig in den Mittelpunkt der Aufmerksamkeit zu gelangen, die Unsicherheit in einer Gruppe unbekannter Menschen? Wer mag es schon, wenn der Körper die innere Angespanntheit und Nervosität durch Erröten, Schwitzen oder Zittern offenbart? Wer lässt sich gerne beobachten in Situationen, denen man sich nicht gewachsen fühlt?

Es ist ganz normal, sich in manchen sozialen Situationen unsicher zu fühlen und dann mit Befürchtungen oder Angst zu reagieren. *Angst zeigt, dass uns etwas wichtig ist.* Wem etwas nicht wichtig ist, der hat auch keine Angst, es zu verlieren. Soziale Ängste drücken aus, dass wir in unserer Eigenart von den anderen angenommen werden möchten, dass wir gut sein wollen und dafür von der Umwelt die Bestätigung erwarten. Soziale Ängste könnten uns daher motivieren und müssten uns nicht ständig blockieren. Geben wir es ehrlich zu: Die Anerkennung der anderen Menschen ist uns wichtig für unser seelisches und soziales Wohlbefinden. Doch um welchen Preis? Schüchterne und sozial ängstliche Menschen pendeln ständig hin und her zwischen ihrer unkontrollierbaren Angst, in der Öffentlichkeit zu versagen, und ihrem fast zwanghaften Bedürfnis nach optimaler Selbstdarstellung. Sie sind im Umgang mit anderen total fixiert auf die tatsächlichen oder vermeintlichen Schwächen ihrer Person und können nicht glauben, dass andere Menschen auch ihre guten Seiten entdecken und sie deswegen liebenswert finden könnten.

Die Bezeichung *soziale Angst* wird heute als Überbegriff für alle normalen und krankheitswertigen Formen des Unbehagens in sozialen Situationen verwendet: von belastender Schüchternheit über soziale Unsicherheit bis hin zur sozialen Phobie. Das Konzept der sozialen Angst ist wesentlich präziser als der vieldeutige Begriff der Schüchternheit und wird daher von Fachleuten bevorzugt. Allerdings sind sie sich über die Zusammenhänge zwischen Schüchternheit und sozialer Angst noch nicht ganz im Klaren. Schüchternheit in der Bandbreite von vorsichtiger Zurückhaltung bis leichter Gehemmtheit ist jedenfalls keine psychische Störung im Sinne einer krankheitswertigen sozialen Angst.

Die Aussage »Wenn Schüchternheit krank macht« trifft nur auf einen kleinen Teil der Schüchternen zu. Die meisten schüchternen Menschen werden keine behandlungsbedürftigen Sozialphobiker; sie bleiben entweder das, was sie schon immer waren, nämlich »normal bzw. situationsabhängig schüchtern«, oder sie verlieren im Laufe ihres Lebens durch Selbsterziehung und positive Umwelterfahrungen die Schüchternheit des Kindes- und Jugendalters. Nur 36 Prozent der extrem Schüchternen und nur 4 Prozent der »normal« Schüchternen entwickeln später eine generalisierte Sozialphobie. Unter schüchternen Studenten erfüllten nur gut 17 Prozent die Kriterien für eine soziale Phobie. Nach einer großen amerikanischen Bevölkerungsbefragung bekamen von jenen Personen, die in der Kindheit extrem schüchtern waren, nur 28 Prozent der Frauen und 21 Prozent der Männer eine soziale Phobie. Umgekehrt waren nur 51 Prozent der Frauen und 41 Prozent der Männer mit einer generalisierten Sozialphobie als Kind extrem schüchtern. Rund 50 Prozent der Menschen mit einer sozialen Phobie waren nach eigener Aussage im Kindes- und Jugendalter überhaupt nicht schüchtern.

Soziale Ängste zeigen sich auf den vier Ebenen menschlichen Verhaltens, und zwar in Form typischer Denkmuster, Gefühle, Verhaltensweisen und Körpersymptome. Die verschiedenen Aspekte beeinflussen sich wechselseitig. Die Art des Denkens beeinflusst das sichtbare Verhalten und die Gefühlslage. Die Art der Gefühle bewirkt eine bestimmte körperliche Befindlichkeit, die körperliche Symptomatik wiederum begünstigt bestimmte Denkmuster und Verhaltensweisen, genauso wie verschiedene Verhaltensweisen wiederum bestimmte Denkmuster verstärken. Aufgrund der Verflochtenheit der verschiedenen Aspekte sozialer Angst fällt es oft gar nicht so leicht, den Ausgangspunkt der Angst zu erfassen.

Drei Aspekte sprechen dafür, belastende Formen von Schüchternheit als Varianten sozialer Ängste zu betrachten:

- *Anhaltende körperliche Erregung.* Unvertraute oder unsichere soziale Situationen lösen bei erheblich Schüchternen eine starke körperliche Aktivierung aus, wie sie bei Ängsten typisch ist: Herzrasen, Blutdrucksteigerung, Beklemmungsgefühle, muskuläre Anspannung und viele andere Vorgänge. Das ist ganz normal, denn der Körper reagiert so, um sich auf Sicherheit hin zu orientieren. Je länger jedoch die körperliche Anspannung und das seelische Unbehagen anhalten, desto mehr geht Schüchternheit in soziale Angst über. Wenn Schüchterne zudem nicht nur in unvertrauten Situationen, sondern auch in vertrauten Kontakten mit den engsten Angehörigen, Schul- oder Arbeitskolleginnen körperliches und seelisches Unbehagen verspüren, hängt dies häufig mit Ablehnungserfahrungen, entsprechenden Erwartungsängsten und bestimmten Angst machenden Denkmustern zusammen.
- *Negative Denkmuster.* Abwertende Gedanken über sich selbst und Befürchtungen, wie die Umwelt reagieren könnte, steigern die Angst. Je mehr das Bedrohungsgefühl durch die eigenen Gedanken verstärkt wird, desto größer werden die sozialen Befürchtungen. Schüchternheit geht umso stärker in soziale Angst über, je geringer das Selbstwertgefühl ist. Die Furcht vor sozialer Ablehnung steigt mit dem Ausmaß der Überzeugung, Anerkennung gar nicht zu verdienen.
- *Sicherheitsverhalten.* Erheblich Schüchterne setzen verschiedene Strategien mit dem Ziel ein, möglichst unauffällig zu bleiben, um Blamage, Kritik und Ablehnung zu vermeiden. Die ständige Selbstbeobachtung verhindert jede Spontaneität im Umgang mit anderen Menschen.

Sozial ängstliche Menschen können in sozialen Situationen nicht handeln wie andere Menschen. Sie fühlen sich stets beobachtet und bewertet und möchten unbedingt einen guten Eindruck machen. Sie sehen sich ständig mit den Augen der anderen und beobachten sich selbst permanent mit dem Ziel, jedes peinliche Verhalten zu vermeiden. Der Kern ganz normaler sozialer Ängste besteht in folgendem *Grundkonflikt:* Die Betroffenen möchten bei anderen Menschen gut ankommen, glauben jedoch gleichzeitig, zu wenig dazu beitragen zu können. Die Umwelt soll jene Anerkennung vermitteln, die man sich selbst nicht geben kann. Die Unsicherheit sich selbst gegenüber zeigt sich in einer Unsicherheit anderen Menschen gegenüber. Anders formuliert lautet die zentrale Frage bei Menschen mit sozialen Ängsten: Wie kann ich erfolgreich handeln, ohne zu wissen, wie die anderen Menschen über mich denken? Der Ursprung der sozialen Angst ist letztlich derselbe wie bei jeder anderen Angst: die Unfähigkeit, eine gewisse Unsicherheit und ein minimales Restrisiko ertragen zu können und gleichzeitig seine Ziele ohne Vermeidungsverhalten und ohne übertriebene Absicherungsstrategien zu verfolgen.

Menschen mit sozialen Ängsten leben geistig nicht in der Gegenwart. Sie verweilen mit ihrer Aufmerksamkeit nicht im Hier und Jetzt, nicht im Augenblick, sondern leben innerlich ständig in der Zukunft, geplagt von Worst-Case-Szenarien. Bilder der Vergangenheit liefern immer wieder die Rechtfertigung dafür, dass auch in Zukunft Unheil drohen wird. Entsprechend einer sich selbsterfüllenden Prophezeiung verhalten sie sich tatsächlich so, dass im Laufe der Zeit das eintritt, was sie schon immer gefürchtet haben: die kritische Bewertung der eigenen Person.

Vier Formen sozialer Ängste: Angst vor Beobachtung, Beurteilung, Selbstbehauptung und Kontakt

Soziale Ängste umfassen im Wesentlichen vier große Gruppen: Beobachtungsängste, Beurteilungsängste, Selbstbehauptungsängste und Kontaktängste. Beobachtungs- und Beurteilungsängste kann man unter der Kategorie *Leistungsängste*, Selbstbehauptungs- und Kontaktängste unter der Kategorie *Beziehungsängste* zusammenfassen.

Beobachtungsängste – Angst vor den Blicken anderer Menschen
Irritiert es Sie, wenn Sie sich bei Tätigkeiten, aber auch beim Nichtstun von anderen beobachtet fühlen? Haben Sie das Gefühl, ständig unter kritischer Beobachtung zu stehen, obwohl Sie wissen, dass Sie nicht paranoid sind? Menschen mit Beobachtungsängsten fühlen sich in Situatio-

nen angestarrt, in denen sie simple Routinehandlungen ausführen. Sie erleben sich unfreiwillig neugierigen Blicken ausgeliefert. Die Betroffenen sind nicht in der Lage, sich unter Beobachtung spontan zu verhalten; sie können bei alltäglichen Verrichtungen nicht mehr ungezwungen handeln und sich nicht mehr so geben, wie ihnen gerade zumute ist. Das Grundproblem lautet: *Unangenehme Fremdbeobachtung führt zu störender Selbstbeobachtung.*

Der Blick eines anderen Menschen kann – ähnlich wie in der Tierwelt – bedrohliche Überlegenheit, Aggression oder Dominanz signalisieren, aber auch provokante Zudringlichkeit mit übermäßiger Nähe und unpassender Intimität. Die Augen der anderen können wie eine Überwachungskamera wirken, der man nicht entkommen kann. Sich bei bestimmten Tätigkeiten beobachtet zu fühlen, löst ein derartiges Unbehagen aus, dass diese Situationen häufig vermieden werden. Beobachtungsstress kann etwa erzeugt werden durch: öffentliches Essen, Trinken, Schreiben, Tanzen, Küssen, Telefonieren, Urinieren; bestimmte Arbeiten und Freizeitaktivitäten ohne Leistungscharakter, wie: im Mittelpunkt einer Ehrung oder Feier stehen, Liegen auf einem Badeplatz, Gegenübersitzen in öffentlichen Verkehrsmitteln, gemeinsam mit anderen im Aufzug Fahren, Vorbeigehen an einer Personengruppe oder Betreten eines Raumes, in dem bereits andere Menschen sind, die einen beobachten könnten. Es handelt sich um *Mittelpunktsängste ohne jede Leistungsbeurteilung.*

Das können Sie sich nicht vorstellen? Dann fühlen Sie sich in die Betroffenen hinein: Sie liegen an einem FKK-Strand, ein bekleideter Badegast geht durch die Reihen und schießt Fotos. Falls Ihnen unwohl zumute ist: Wo ist das Problem, wenn Sie als Nudistin zu Ihrer Nacktheit stehen? Sie haben wohl Angst davor, dass ein Unbeteiligter durch seine Blicke im wahrsten Sinne des Wortes Macht über Sie bekommt, ohne dass Sie ihn ebenfalls nackt sehen können (obwohl Sie daran gar nicht interessiert sind). Vor allem haben Sie vermutlich auch Angst davor, dass der Beobachter Fotos über Sie speichern könnte, auch wenn Sie gerade nichts Peinliches tun. Selbst bildhübsche Frauen, die stolz auf ihre Figur sind, lassen sich nicht von jedermann fotografieren, weil sie keine Kontrolle darüber haben, was mit den Bildern passieren wird.

Diese Erfahrung kennt jeder: Sie unterhalten sich angeregt mit einem Freund, auf einmal setzt sich eine dritte, Ihnen durchaus vertraute Person dazu und hört Ihnen zu, ohne sich einzumischen, und plötzlich fühlen Sie sich unwohl. Oder Sie beenden als langsamste Esserin in Gesellschaft vorzeitig die Mahlzeit, weil Sie unter Beobachtung nicht weiteressen können. Was ist in diesen Situationen störend, wenn Sie gar keine Kritik fürchten, weil die anderen gute Bekannte sind? Es passiert nicht mehr als dies: Die Spontaneität des Verhaltens ist dahin, sobald Sie sich beobachtet fühlen und sich aus der Perspektive der anderen zu betrachten beginnen. Oder stellen Sie sich vor, Sie gehen mit einem Bekannten in ein Lokal mit vielen freien Tischen. Wohin würden Sie sich setzen? In die Mitte, an den Rand oder in eine Ecke? Die Tische in der Mitte werden gewöhnlich zuletzt besetzt. Warum wohl? Weil wir niemanden im Rücken haben möchten, der uns beobachten könnte, ohne dass wir ihn im Blick haben.

Beurteilungsängste – Angst vor dem Versagen in Leistungssituationen

Sind Sie aufgeregt in Situationen, in denen Sie einen guten Eindruck machen möchten? Fühlen Sie sich unwohl, wenn Sie einer Bewertung oder gar dem kritischen Urteil anderer Menschen ausgesetzt sind? Wie sehr stresst es Sie, wenn Sie vor und in Leistungssituationen mit einer Beurteilung rechnen müssen?

Menschen mit erheblichen Beurteilungsängsten haben Angst vor einer kritischen Bewertung in allen Situationen, in denen zumindest eine minimale Interaktion mit einem oder mehreren Beobachtern besteht. Sie möchten kompetent sein oder zumindest nach außen hin so wirken und leben dauernd in der Angst, sich zu blamieren oder gänzlich zu versagen. Sie fürchten Kritik und halten ständig Ausschau nach Bewertungen ihres Verhaltens. Bei Vorträgen und Referaten steigt die Angst der Betroffenen umso stärker, je unsicherer sie innerlich sind und je größer ihr Bedürfnis nach unmittelbarem und positivem Feedback ist. Im Vergleich zu Beobachtungsängsten handelt es sich bei diesen Befürchtungen um *Mittelpunktsängste mit Leistungsbeurteilung.*

In folgenden typischen Situationen können mehr oder weniger belastende Leistungs- und Versagensängste auftreten, da die Betroffenen eine kritische oder gar negative Bewertung befürchten:
- *Prüfungen jeder Art:* in der Schule, auf der Universität bzw. Hochschule, in der beruflichen Aus- und Weiterbildung, am Arbeitsplatz (Dienstprüfungen, Dienstbeurteilungen, Bewerbungsgespräche), in Vereinen (sportliche Wettbewerbe), in der privaten Ausbildung (Musikschule, Konservatorium), in der Fahrschule,
- *verbale Präsentationen:* Referate, Vorträge, Ansprachen halten, Unterrichtsgespräche führen, bei Meetings und Diskussionen das Wort ergreifen, sich bei Radio- und Fernsehinterviews, Musik- und Thea-

teraufführungen sowie allen anderen öffentlichen Auftritten präsentieren, die einer Kritik unterzogen werden könnten,

- *nonverbale Präsentationen:* sportliche und künstlerische Darbietungen sowie auch alle Routinehandlungen, die aus der Sicht der Betroffenen bei anderen Menschen eine kritische Beurteilung auslösen könnten, wie etwa Schwimmen, Tanzen oder Autofahren mit einem Beifahrer,
- *Gespräche mit Vorgesetzten und sonstigen Autoritätspersonen,* aber auch Kontakte mit zahlreichen anderen Personen, deren Beurteilungskompetenz gefürchtet wird, wie etwa mit Ärzten, Psychologen und Psychotherapeuten.

Prüfungsängste sind die wohl häufigsten Beurteilungsängste, gefolgt von Ängsten vor öffentlichem Sprechen. Haben Sie während der Schulzeit und der späteren Ausbildung unter Prüfungsängsten gelitten? Wie gerne haben Sie bisher vor Publikum gesprochen? Erleben Sie Versagensängste in Ausbildung, Beruf und Freizeit auch dann, wenn Sie gut vorbereitet sind oder bereits vor der Präsentation als fachlich anerkannt gelten? Was genau macht Sie eigentlich so »nervös«? Ist es eher die Unsicherheit, dass Sie in Leistungssituationen nicht eins zu eins umsetzen können, was in Ihnen steckt, oder geht es Ihnen primär darum, bei anderen einen guten Eindruck zu hinterlassen? Im ersten Fall, wo es um den Sachaspekt geht, ärgern Sie sich als ehrgeiziger Mensch vermutlich mehr über sich selbst, weil Sie mögliche Fehler von vornherein schwer tolerieren können. Im zweiten Fall, wo es um den Beziehungsaspekt geht, fürchten Sie wohl den Verlust der sozialen Anerkennung. Wenn beides gleichermaßen zutrifft, sind Sie nicht zu beneiden: Soziale Ängste in Beurteilungssituationen sind umso belastender, je mehr die Angst zu versagen mit der Angst vor sozialer Kritik oder gar Ablehnung einhergeht. Wir möchten Ihnen jedoch Mut machen: Auch Sie können sich von Ihrer Angst befreien.

Sie sind in guter Gesellschaft: Das Wort vor einer kleineren oder größeren Gruppe zu ergreifen, fällt oft auch jenen schwer, die gut kontaktfähig und fachlich kompetent sind. Öffentliches Sprechen oder ein Rendezvous bewirkt bei vielen von uns Aufregung und Nervosität. Prüfungen lösen auch bei vielen bestens vorbereiteten Schülerinnen und Studenten ein ungutes Gefühl aus. Angst vor künstlerischen und sportlichen Präsentationen ist auch bei zahlreichen prominenten Schauspielern, Sängerinnen, Musikern und Sportlerinnen weitverbreitet und als *Lampenfieber* bekannt. Es drückt den Wunsch aus, möglichst gut zu sein, und ist weniger von der Angst zu versagen geprägt. Lampenfieber lässt sich durch regelmäßiges Üben vermindern, aber nicht gänzlich ausschalten. Die starke körperliche Aktivierung bei Lampenfieber spiegelt eine maximale Leistungsbereitschaft wider und lässt nach, sobald man einige Zeit in Aktion ist. Man fühlt sich wie ein Läufer vor dem Start: Bereit, sein Bestes zu geben, kann man den Beginn des Auftritts kaum erwarten. Die Angst vor der Premiere, der erstmaligen Aufführung eines Stückes, ist oft deswegen so stark, weil von den anwesenden Kritikern das Schicksal des ganzen Stückes abhängen kann. Die Playback-Technik bei Fernsehauftritten wirkt dagegen Angst reduzierend, weil nichts schiefgehen kann. Im Sport herrscht ein ähnlicher Druck: Sportler, die im Training gewinnen, im Wettkampf aber versagen, gelten als »Trainingsweltmeister«.

Vor jeder Leistung im privaten, schulischen und beruflichen Leben sind wir hin- und hergerissen zwischen zwei Einstellungen: Hoffnung auf Erfolg und Furcht vor Misserfolg. Die *Erfolgsorientierten* konzentrieren sich darauf, die Erfolgswahrscheinlichkeit zu maximieren, und tolerieren ein gewisses Restrisiko; die *Misserfolgsvermeider*, belastet durch die Furcht vor Versagen, haben primär das Ziel, ein Restrisiko auszuschließen, um dann angstfrei handeln zu können – ein folgenschwerer Irrtum, denn es kann immer etwas schiefgehen.

Gut zu sein, wenn es darauf ankommt, ist das Ziel in Leistungssituationen. Die Angst zu versagen, die Befürchtung, den Erwartungen nicht zu entsprechen, verhindert das Erreichen dieses Zieles. Denn die damit verbundene körperliche Überaktivierung und geistige Unkonzentriertheit stellen eine erhebliche Fehlerquelle dar. Der Fachautor hat zur Thematik der Leistungs- und Versagensängste ein Buch mit dem Titel *Die Angst zu versagen und wie man sie besiegt* (Patmos, 4. Aufl. 2009) verfasst.

Selbstbehauptungsängste – Angst vor der eigenen Courage

Wie gut gelingt es Ihnen, Ihre Anliegen zu vertreten? Menschen mit Selbstbehauptungsängsten fürchten die möglichen Reaktionen anderer Personen, wenn sie ihre eigenen Bedürfnisse durchsetzen möchten. Sie können daher schwer ihre Wünsche, Interessen, Rechte und Standpunkte vertreten. Diese notwendige Fähigkeit wurde früher Selbstbehauptung oder Selbstsicherheit genannt und wird heute allgemein als *soziale Kompetenz* bezeichnet. Soziale Fertigkeiten umfassen ein weites Spektrum von Verhaltensweisen: die eigene Meinung kundtun, Kritik äußern und erwidern, Widerspruch anmelden, Beschwerden anbringen, Reklamationen vornehmen, Nein sagen, um einen Gefallen bitten, Wünsche und Forderungen stellen, unberechtigte Ansprüche anderer ablehnen, soziale Kontakte aufbauen und aufrechterhalten können.

Haben Sie den Eindruck, dass Sie im Bereich der Selbstbehauptung erhebliche Defizite aufweisen? Dann kann Ihnen dieser einfache Tipp fürs Erste schon etwas helfen: Sagen Sie entschiedener *Ja* zu Ihren Bedürfnissen, dann fällt es Ihnen leichter, zu bestimmten Anliegen der anderen *Nein* zu sagen. Menschen mit sozialen Ängsten sind oft zu sozial; sie können sich so gut in andere und deren Bedürfnisse einfühlen, dass sie dazu neigen, diese auch zu erfüllen, während sie ihre eigenen Bedürfnisse vernachlässigen. Alles aus dem Blickwinkel der anderen zu sehen ist gut für die anderen, aber nicht für Sie, weil Sie dann stets zu kurz kommen.

Bei Selbstbehauptungsängsten kann man zwei Gruppen von Betroffenen unterscheiden: Aus Angst, nicht mehr akzeptiert und geliebt oder gar abgelehnt zu werden, setzen die einen ihre durchaus vorhandenen sozialen Fertigkeiten nicht ein; die anderen fühlen sich aus Gründen mangelnder sozialer Kompetenz dem Druck der Umwelt völlig ausgeliefert. Welcher Gruppe würden Sie sich spontan zuordnen? Zur Bewältigung Ihrer Probleme benötigen Sie im ersten Fall nur mehr Mut zum Risiko und die Bereitschaft, Ihre Befürchtungen in der Realität zu überprüfen, anstatt schon vorher zu kneifen. Im zweiten Fall sollten Sie Ihre soziale Kompetenz trainieren. Wir werden Ihnen in diesem Buch für beide Problembereiche Hilfestellungen anbieten.

Kontaktängste – Angst vor Nähe und Zurückweisung

Tun Sie sich schwer, neue Kontakte zu knüpfen und andere Menschen an sich heranzulassen? Menschen mit Kontaktängsten haben aus *Angst vor Nähe und Zurückweisung* erhebliche Probleme, soziale Beziehungen aufzubauen und aufrechtzuerhalten. Sie haben Schwierigkeiten, unbekannte Menschen anzusprechen, Kontakte zu knüpfen, Gespräche zu beginnen, fortzuführen und zu beenden, Smalltalk zu betreiben, Personen des anderen Geschlechts anzusprechen, einen kleinen Flirt zu wagen, eine Bekanntschaft zu machen, auf Kontaktangebote zu reagieren, persönliche Gedanken und Erfahrungen mitzuteilen, Gefühle (Sympathie genauso wie Ärger) offen zu zeigen, Schwächen ehrlich einzugestehen, sich für Fehler zu entschuldigen, Lob und Komplimente zu geben oder anzunehmen.

Die Angst vor Nähe zu überwinden erfordert zwei grundlegende Fähigkeiten: erstens, auf einen anderen Menschen verbal und nonverbal zuzugehen, und zweitens, den Gesprächspartner an sich selbst heranzulassen, indem man persönliche Informationen in Form einer sogenannten »Selbstoffenbarung« preisgibt. Gemeint ist die Fähigkeit, über sich selbst zu sprechen, und zwar über seine Gedanken, Gefühle, Interessen, Wünsche, Bedürfnisse, Erwartungen, Pläne, Wahrnehmungen, Erlebnisse und Tätigkeiten. Dies erfordert einen Vertrauensvorschuss nach dem Motto: »Wenn ich zuerst etwas über mich erzähle, wird der andere danach auch etwas über sich berichten.« Die Taktik, sich bedeckt zu halten und nichts oder kaum etwas über sich selbst preiszugeben, dagegen den anderen beim Versuch der Kontaktaufnahme ständig mit Fragen zu »löchern«, führt ziemlich schnell zum Rückzug des Gesprächspartners.

Viele schüchterne und sozial ängstliche Menschen ersehnen nichts mehr als eine gute und enge Partnerschaft. Neben mangelhaften sozialen Fertigkeiten und ständiger Angst vor Ablehnung haben sie jedoch oft zu hohe Erwartungen an die ersten Kontakte, sodass Enttäuschungen vorprogrammiert sind. Begonnene Beziehungen müssen langsam wachsen können, doch die unerträgliche Unsicherheit über das Gelingen der Partnerschaft führt bei vielen Betroffenen nicht selten zu ungeschickten Forcierungsbestrebungen mit dem Ergebnis, dass sich die oder der Angebetete völlig zurückzieht. Wenn der Kontakt nach einiger Zeit doch so eng wird, dass eine sexuelle Beziehung in Aussicht ist, zeigen sich vor allem bei Männern mit sexuellen Versagensängsten jene Grundprobleme, die bereits früher Sozialkontakte behindert haben, nämlich eine massiv verunsicherte Männlichkeit und Zweifel daran, ob man für eine womöglich sexuell viel erfahrenere Frau überhaupt gut genug sein kann.

Soziale Phobie:
Wenn soziale Ängste krankhaft werden

Soziale Phobie: Angst mit Krankheitswert

Die Grenzen zwischen normalen und krankhaften sozialen Ängsten sind fließend. Bestimmte Gedanken, Wünsche, Sehnsüchte, Befürchtungen und Verhaltensdefizite in Bezug auf die soziale Umgebung können sowohl bei normalen als auch bei krankheitswertigen sozialen Ängsten auftreten. Erst ihr Ausmaß, ihre Dauer und die daraus resultierenden Belastungen und Vermeidungsreaktionen bestimmen die Krankheitswertigkeit der Ängste.

Wenn eine Furcht mehr ist als ein reines Unbehagen und sie zu einer irrationalen und unkontrollierten Angstreaktion ausufert, die das berufliche und private Leben beeinträchtigt, wird sie krankhaft, und man spricht von einer *Phobie*. Bei spezifischen Phobien und bei Agoraphobie (Platzangst) kann man den gefürchteten Objekten, Orten und Situationen durch Flucht oder Vermeidung entkommen. Die Begegnung mit anderen Menschen kann man dagegen nie ganz vermeiden. In sozialen Situationen durchzuhalten kostet die Betroffenen jedoch unnötig viel Kraft und Überwindung. Ihre übermäßige Sensibilität gegenüber Kritik verdirbt ihnen jede Freude am sozialen Zusammensein.

Außenstehende können das nur schwer verstehen: Die Tragödie krankhafter sozialer Ängste besteht darin, dass die Betroffenen gerade jene sozialen Situationen fürchten und vermeiden, die sie inständig herbeisehnen, etwa erfolgreich aufzutreten, zur eigenen Meinung zu stehen oder eine Beziehung anzubahnen. Doch ihr tatsächliches Leben ist voller Vermeidungsmanöver und ist ganz das Gegenteil von einem Leben voller Zuwendung und Geborgenheit im Kreis vertrauter Menschen, das sie sich so sehr wünschen. Wegen ihrer Zurückhaltung und Distanziertheit werden sozialphobische Personen von anderen oft irrtümlich für desinteressiert oder sogar arrogant gehalten. Aufgrund dieses falschen Etiketts haben sie – ähnlich wie depressive Patienten – eine geringere Chance, dass andere den ersten Schritt unternehmen und sie aus ihrem Schneckenhaus herausholen.

Vermeiden Sie es so weit wie möglich, im Mittelpunkt der Aufmerksamkeit zu stehen? Haben Sie Angst vor Beurteilung? Haben Sie Angst vor Kritik und Ablehnung? Sehnen Sie sich gleichzeitig sehr nach Anerkennung und Bestätigung? Fühlen Sie sich in sozialen Situationen körperlich und seelisch so belastet, dass Sie ernsthaft darunter leiden? Haben Ihre sozialen Ängste bereits zu Beeinträchtigungen Ihrer schulischen, beruflichen und sozialen Funktionsfähigkeit geführt? Wenn Sie alle sechs Fragen mit Ja beantwortet haben, leiden Sie höchstwahrscheinlich unter einer sozialen Phobie.

Eine *soziale Phobie* ist eine krankheitswertige Mittelpunktsangst, eine folgenschwere *Angst vor Blamage, kritischer Beurteilung und Ablehnung*. Sie besteht in der deutlichen Furcht vor Situationen, in denen man im Zentrum der Aufmerksamkeit steht, oder in der Vermeidung derartiger Situationen. Wenn – wie häufig der Fall – Beurteilungssituationen nicht vermieden werden können, werden diese nur mit intensiver Angst bzw. beträchtlichem Unwohlsein ertragen. Dabei treten *belastende körperliche Symptome* auf, die die Angst verstärken. Die Betroffenen fürchten, ihr Schwitzen, Erröten oder Händezittern könnte als Nervenschwäche ausgelegt werden. Sie fürchten, Übelkeit könnte zu peinlichem Erbrechen, Schwindel zu einer Ohnmacht führen; Mundtrockenheit, Atemnot und Beklemmungsgefühle könnten den Sprachfluss beeinträchtigen, Harn- oder Stuhldrang wegen des häufigen WC-Besuchs auffällig machen; unangenehmes Herzklopfen könnte zu sichtbarer Irritiertheit führen.

Die Konfrontation mit den gefürchteten Situationen (oft bereits deren Erwartung) löst fast immer eine unmittelbare Angstreaktion aus, die sich bei der Hälfte der Sozialphobiker bis zu einer *Panikattacke* steigern kann. Eine situationsspezifische Panikattacke wird durch das nur vorgestellte oder das tatsächliche Aufsuchen einer sozialen Situation ausgelöst und kann dieselben Symptome umfassen wie eine spontane (ohne äußere Auslöser verursachte) Panikattacke, die plötzlich auftritt, nur relativ kurz andauert (5–30 Minuten) und in einer massiven körperlichen Aktivierung bei gleichzeitiger totaler körperlicher und oft auch geistiger Blockierung besteht. Eine spontane Panikattacke geht mit einem heftigen Adrenalinstoß einher, der körperliche Symptome bewirkt wie: Herzrasen, Schweißausbrüche, Atemnot, Beklemmungsgefühle, Brustschmerzen, Mundtrockenheit, Übelkeit, Schwindel, Benommenheit, Zittern, Hitze- oder Kältegefühle, Gefühllosigkeit oder Kribbeln, aber auch geistig-psychische Symptome wie Todesangst, Entfremdungsgefühle sich selbst gegenüber (Depersonalisation) oder der Umwelt gegenüber (Derealisation),

Angst vor Kontrollverlust, davor, verrückt zu werden oder »auszuflippen«.

Panikattacken bei Menschen mit einer sozialen Phobie gehen nicht mit Todesangst oder Verrücktheitsbefürchtungen einher wie bei Menschen mit einer Panikstörung, sondern sind Ausdruck einer starken sozialen Bedrohungsangst, der Angst vor dem »sozialen Tod«, der Furcht vor dem gesellschaftlichen Versagen in unserer Leistungsgesellschaft. Vor diesem Hintergrund wird verständlich, warum soziale Phobien im Zunehmen begriffen sind.

Vorübergehende soziale Ängste sind im *Kindes- und Jugendalter* relativ häufig. Die Diagnose einer sozialen Phobie kann aber auch schon bei Kindern ab dem 8. Lebensjahr gestellt werden. Zur Abgrenzung gegenüber vorübergehenden entwicklungsbedingten Rückzugstendenzen wird bei Kindern und Jugendlichen ein Zeitraum von mindestens sechs Monaten gefordert. Bei Erwachsenen ist dagegen keine bestimmte Zeitdauer der Störung nötig, sondern nur ein bestimmtes Beeinträchtigungsausmaß.

Die *Furcht vor der prüfenden Betrachtung durch andere Menschen* gilt nur dann als krankheitswertig, wenn eine deutliche emotionale Belastung und eine erhebliche soziale Behinderung durch die Angstsymptome oder das Vermeidungsverhalten gegeben sind. Gleichzeitig muss auch die Einsicht vorhanden sein, dass das Ausmaß der Angstreaktion übertrieben ist: Betroffene erkennen sehr wohl, dass ihre Ängste übersteigert und unbegründet sind, sie können ihre Einstellungen und ihre Verhaltensweisen aber dennoch nicht ändern. Der Aspekt der *Irrationalität* macht das Wesen jeder phobischen Störung aus. Die ängstliche Erwartungshaltung bewirkt bei den Betroffenen trotz des Wissens, dass ihre Reaktionen unangemessen sind, einen so hohen Leidensdruck und eine so ausgeprägte Beeinträchtigung des Lebens, dass man von einem krankhaften Verhalten sprechen muss.

Ausgeprägte soziale Ängste werden heute zunehmend als krankheitswertig erkannt. Wer früher als schüchterner Typ oder gar als »Komplexler« ohne Chance auf Veränderungsmöglichkeiten angesehen wurde, kann heute mit der Diagnose »soziale Phobie« auf Krankenkassenkosten eine ärztliche und psychotherapeutische Behandlung in Anspruch nehmen. Der Umfang der Krankenbehandlung wird damit erheblich ausgeweitet, denn die soziale Phobie gilt nach Depressionen und Alkoholproblemen als dritthäufigste psychische Störung.

Man unterscheidet zwei Formen krankheitswertiger sozialer Ängste:

1. *Krankhafte Furcht vor Leistungssituationen (Beobachtungs- und Beurteilungsängste)*. Die Betroffenen fürchten sich übermäßig vor Situationen, in denen sie vor anderen Menschen etwas machen sollen. Es besteht eine sehr große Angst vor der Beobachtung und Bewertung des eigenen Verhaltens (vor allem bei Präsentationen und Auftritten).
2. *Krankhafte Furcht vor Interaktionssituationen (Selbstbehauptungs- und Kontaktängste)*. Es besteht eine subjektiv sehr belastende Angst vor engeren sozialen Kontakten und deren möglichen Folgen. Vor allem bestehen stark lebensbeeinträchtigende Ängste vor Gesprächen in Gruppen und Zweierkontakten.

Die Unterscheidung von Leistungs- und Interaktionssituationen ist allerdings im Einzelfall nicht immer klar, schließlich hängt es von den Betroffenen ab, was diese als Leistung bzw. Interaktion ansehen.

Die Sozialphobie als krankhafte Angst vor negativer Bewertung durch andere reicht von einigen wenigen, speziellen bis zu sehr vielen, allgemeinen sozialen Situationen. Man unterscheidet daher zwei Arten von krankhafter sozialer Angst: die spezifische und die generalisierte Sozialphobie.

Spezifische Sozialphobie: krankhafte Leistungsängste

Wenn die Angst vor Auftritten und Leistungen unter Beobachtung nur in einigen wenigen Situationen ein krankheitswertiges Ausmaß annimmt, spricht man von einer *spezifischen Sozialphobie*. Die Angst ist bezogen auf spezielle Beobachtungs- und Beurteilungssituationen, in denen Verhaltensweisen und sichtbare körperliche Reaktionen – etwa Erröten, Schwitzen, Zittern oder Stottern – auftreten könnten, die dann möglicherweise öffentliche Kritik nach sich ziehen könnten. Entsprechende Situationen werden ängstlich vermieden oder nur mit sehr großem Unbehagen ertragen. Die Angst bewirkt eine Hemmung von Fertigkeiten, die an sich vorhanden sind, und geht mit belastenden körperlichen Symptomen einher. Bei der krankheitswertigen Variante von Beobachtungs- und Beurteilungsängsten fürchten die Betroffenen in gesteigertem Maße Auftritte und »Leistungen« in sozialen Situationen, die auch für andere Menschen nicht immer angenehm, aber dennoch mit mehr oder weniger normaler Angst bewältigbar sind:

• Prüfungen jeder Art: Leistungsbeurteilungen in Schule, Universität, Fahrschule, Kursen, Beruf, Bewerbungssituationen, Sport,

- vor Zuhörern sprechen: Referate in der Schule, Ansprachen und Vorträge am Arbeitsplatz, im Rahmen einer Weiterbildung oder in Freizeitsituationen,
- sich in einer Gruppe zu Wort melden: bei Vorträgen, Veranstaltungen, in Schul-, Arbeits- und Freizeitgruppen etwas sagen, sich in einer Runde von unbekannten Leuten vorstellen,
- an sich angenehme Mittelpunktsituationen außerhalb von Leistungsanforderungen: Feiern und Ehrungen,
- vor anderen essen und trinken: in der Öffentlichkeit oder im Privaten eine Mahlzeit einnehmen,
- Routinetätigkeiten: bei einer Arbeit, Freizeitbeschäftigung oder beim Sport beobachtet werden,
- diverse Betätigungen vor anderen: schreiben bzw. unterschreiben, telefonieren, auf dem Pissoir urinieren, Autofahren mit kritischen Beifahrern oder inmitten ungehaltener Verkehrsteilnehmer,
- Umgang mit sexuell attraktiven Personen: eine Frau zum Tanz auffordern, einen Mann im Café ansprechen,
- peinliche körperliche Reaktionen: Erröten, Schwitzen, Zittern und Stottern als sichtbares Zeichen von Nervosität sowie Harn- oder Stuhldrang, Übelkeit mit Brechreiz und Ohnmacht als sichtbarer Kontrollverlust (Umfallen wäre Auffallen).

Eine spezifische Sozialphobie wird oft ausgelöst durch ein *einschneidendes negatives Erlebnis* in einer Beobachtungs- und Beurteilungssituation, wie etwa Ausgelachtwerden wegen Stotterns während eines Referats, Verspottung bei einer ungeschickten Turnübung, peinliches Erröten während eines Gesprächs, vermeintlich sichtbares Händezittern beim Essen oder Schreiben. Häufig tritt dabei – von anderen unbemerkt – eine Panikattacke oder eine panikähnliche Reaktion auf, die die Angst vor Auffälligkeit verstärkt. In der Erinnerung bleibt die körperliche Erregung, die in der Leistungssituation auftrat, auch dann noch als peinliche Erfahrung gespeichert, wenn sie von anderen gar nicht bemerkt wurde.

An dieser Stelle sei nochmals darauf hingewiesen: *Prüfungsangst, Lampenfieber und Schüchternheit* sind normale, weitverbreitete menschliche Erfahrungen und sollten nur dann als soziale Phobie bezeichnet werden, wenn die dabei auftretende Angst sehr belastend ist und die Vermeidungstendenz zu einer ernsten Beeinträchtigung der schulischen, beruflichen oder sozialen Funktionsfähigkeit führt. Für Leistungssituationen wie etwa Prüfungen ist erwiesen: Ein mittleres Maß an Angst ist die beste Voraussetzung für eine gute Leistung; nur *zu viel* Angst wirkt blockierend, während *zu wenig* Angst den Menschen gar nicht aktiviert.

Generalisierte Sozialphobie: krankhafte Leistungs- und Interaktionsängste

Eine *generalisierte Sozialphobie* umfasst soziale Ängste, die in Leistungs- *und* in Interaktionssituationen auftreten. Die Betroffenen leiden unter sozialen Ängsten, die sich auf viele soziale Situationen beziehen und die deshalb als »generalisiert« bezeichnet werden. Zunehmend wird auch der Begriff *soziale Angststörung* verwendet, der besser die Generalisierung und das Ausmaß der Störung zum Ausdruck bringt als der Begriff *soziale Phobie*. Bei der generalisierten Sozialphobie bzw. sozialen Angststörung treten neben belastenden Beobachtungs- und Beurteilungsängsten vor allem auch krankheitswertige Selbstbehauptungs- und Kontaktängste auf. Die Betroffenen fürchten über die oben bereits angeführten Leistungssituationen hinaus vor allem folgende Situationen:

- Unterhaltungen mit unbekannten Personen (bereits jeder Smalltalk fällt schwer),
- Kontakte in unstrukturierten Situationen (sogar Leute in einer Warteschlange anzusprechen bereitet Probleme),
- Gespräche mit Personen des anderen Geschlechts (schon Erstkontakte oder kleine Flirts sind unmöglich),
- Gespräche mit Autoritätspersonen oder sonstigen »bedeutsamen« Personen (auch wenn keine Kritik zu erwarten ist),
- Kontakte zu Gleichaltrigen (bei wesentlich jüngeren oder viel älteren Personen erfolgt gewöhnlich kein sozialer Vergleich),
- Besuche von Veranstaltungen mit Interaktionscharakter (Einladungen zu Feiern, Versammlungen, Veranstaltungen werden ungern angenommen),
- längere Unterhaltungen per Telefon (Kommunikation per Internet fällt dagegen aufgrund der Anonymität viel leichter),
- eigene Bedürfnisse vertreten (Wünsche äußern, Forderungen stellen, Beschwerden anbringen, Nein sagen, Reklamationen in Geschäften vornehmen),
- Meinungsverschiedenheiten zur Sprache bringen (die eigene Meinung vertreten, Kritik äußern).

Unterschiede zu anderen psychischen Störungen

Patienten mit einer sozialen Phobie erhalten oft eine falsche Diagnose, wie etwa Panikstörung, Agoraphobie, generalisierte Angststörung oder depressive Episode, wenngleich bei manchen Betroffenen diese Zusatzdiagnosen durchaus berechtigt sein können. Zur besseren Abgrenzung der sozialen Phobie von verschiedenen anderen psychischen Störungen sind folgende Beschreibungen hilfreich:

- Menschen mit *Platzangst* (Fachausdruck *Agoraphobie*) vermeiden es, sich allein auf öffentlichen Straßen und Plätzen aufzuhalten (griech. *agorá* = Marktplatz), und schränken aus Sorge um ihr körperliches Wohlergehen ihre Bewegungsfreiheit stark ein, wenn die Sicherheit gebende Anwesenheit vertrauter Personen fehlt. Menschen mit einer sozialen Phobie fühlen sich dagegen gerade durch die Anwesenheit anderer Personen bedroht, weil diese eine kritische Beurteilung abgeben könnten.
- *Panikattacken* in sozialen Situationen machen noch keine Panikstörung aus, sondern zeigen nur das Ausmaß der sozialen Phobie an. Rund die Hälfte der Patienten mit einer sozialen Phobie bekommt Panikattacken als stärkstmöglichen Ausdruck ihrer sozialen Ängste. Die Diagnose einer Panikstörung erfordert dagegen mindestens eine Panikattacke ohne äußere Auslöser. Panikpatienten fürchten subjektiv lebensbedrohliche körperliche Symptome wie Herzrasen, Atemnot, Brustschmerzen oder Schwindel sowie mentale Kontrollverlustgefühle, Sozialphobiker dagegen sichtbare und damit peinliche körperliche Symptome wie Erröten, Schwitzen oder Zittern. Menschen mit einer Panikstörung suchen aufgrund ihrer Todesängste häufig medizinische Behandlungseinrichtungen auf, was sozialphobische Personen mit Panikattacken aufgrund ihrer Angst vor sozialer Auffälligkeit gerade nicht tun.
- Bei einer *generalisierten Angststörung* gehen die Sorgen und Befürchtungen weit über soziale Situationen hinaus und bestehen unabhängig davon, ob die Betroffenen im Mittelpunkt der Aufmerksamkeit stehen und von anderen bewertet werden könnten. Die Angst vor Peinlichkeit oder Demütigung steht nicht so stark im Mittelpunkt der Befürchtungen wie bei einer sozialen Phobie, wenngleich sie vorhanden sein kann.
- Eine *Depression* geht mit der stimmungsabhängigen Überzeugung einher, nichts wert zu sein und deswegen kritisiert zu werden; bei einer sozialen Phobie besteht dagegen die grundsätzliche, stim-

mungsunabhängige Überzeugung oder Erwartung, wegen eines peinlichen Verhaltens kritisiert zu werden. Bei Depressiven erfolgt der soziale Rückzug nicht nur aufgrund der Befürchtung von sozialer Ablehnung, sondern vor allem aufgrund von mangelnder Motivation, fehlender Energie und allgemeiner Lustlosigkeit. Depressive haben ein grundlegendes Desinteresse an sozialen Kontakten, Sozialphobiker »nur« Angst davor.

Während Depressive, die früher durchaus oft sozial kompetent waren, phasenbedingte, vorübergehende soziale Rückzugstendenzen haben, kann bei Sozialphobikern eine anhaltende und durchgängige Vermeidung sozialer Situationen beobachtet werden. Häufig führt eine Sozialphobie, die lange Zeit nicht behandelt wurde, zu einer sekundären Depression. Wenn die sozialen Ängste nur im Rahmen einer Depression bestehen und zusammen mit der Depression wieder verschwinden, besteht noch keine eigenständige soziale Phobie; wenn dagegen vor oder nach einer depressiven Episode ausgeprägte soziale Ängste bestehen, stellen Fachleute eine Doppeldiagnose. Wenn Betroffene der subjektiven Überzeugung sind, die lebenseinengenden sozialen Ängste nicht überwinden zu können, kann dies eine depressive Reaktion zur Folge haben, die mitunter bis hin zu Selbstmordgedanken oder gar Selbstmordversuchen führt.

- Bei einer *Zwangsstörung* resultieren soziale Vermeidungsreaktionen aus der Befürchtung, sich bei anderen Menschen anstecken zu können und dadurch andere Personen zu gefährden. Zwangsrituale wie Waschen und Reinigen sollen dies verhindern. Hinter Ordnungs- und Putzzwängen stehen häufig soziale Ängste, nämlich Befürchtungen, bestimmte gesellschaftlich festgelegte Sauberkeitsnormen und eigene Perfektionsansprüche nicht erfüllen zu können.
- Bei einer *sekundären sozialen Phobie*, vor allem im Zusammenhang mit einer körperlichen Krankheit oder Behinderung, ist das soziale Rückzugs- und Vermeidungsverhalten nur eine Folge der nachvollziehbaren Angst, aufgrund einer tatsächlich gegebenen körperlichen Andersartigkeit negativ bewertet zu werden. Es ist auch verständlich, dass sich ein Stotterer vor peinlicher Auffälligkeit fürchtet.
- Bei einer *paranoiden Schizophrenie* oder einer *wahnhaften Störung* sind die Betroffenen unkorrigierbar davon überzeugt, dass die anderen Menschen ihnen feindlich gesinnt sind und ihnen etwas antun möchten; Sozialphobiker unterstellen den Mitmenschen dagegen keine derartigen bösen Absichten, sie können ihre sozialen Ängste vielmehr als übertrieben erkennen und sich zumindest phasenweise

davon distanzieren. Die Fähigkeit der Betroffenen, die Irrationalität der Befürchtungen einzusehen, ist das entscheidende Kriterium, durch das sich eine Phobie von einer paranoiden Schizophrenie unterscheidet.

- Bei einer *ängstlich-vermeidenden bzw. vermeidend-selbstunsicheren Persönlichkeitsstörung* haben die Betroffenen seit vielen Jahren ausgeprägte Minderwertigkeitsgefühle, reagieren auch auf nur leichte Kritik mit großer Überempfindlichkeit und üben in unsicheren sozialen Kontakten ebenso wie in intimen Beziehungen extreme Zurückhaltung. Diese Reaktionen gehen über die Kritikangst und sozialen Kompetenzprobleme von Menschen mit einer generalisierten Sozialphobie weit hinaus.

Soziale Ängste in Zahlen

Soziale Ängste sind weitverbreitet

In den USA sollen nach älteren Studien etwa 40 Prozent der Bevölkerung, nach neueren Studien sogar über 50 Prozent »schüchtern« sein – was immer dies heißt, denn die Befragten (meist Studierende) mussten sich selbst ohne nähere Erläuterung beurteilen. Über 90 Prozent der US-Amerikaner waren laut eigenen Aussagen zumindest irgendwann einmal in ihrem Leben schüchtern. Knapp zwei Drittel der Betroffenen erleben ihre Schüchternheit als Problem und würden sie gerne überwinden, wenn sie wüssten wie. In Frankreich bezeichnen sich 60 Prozent der Bevölkerung als schüchtern, 51 Prozent als ein bisschen und 7 Prozent als sehr schüchtern. In Kanada halten sich 61 Prozent der Befragten für »zumindest etwas schüchtern«. Nach einer neueren deutschen Studie bei 12- bis 25-Jährigen trifft die Aussage, dass sie schüchtern und gehemmt seien, auf 20 Prozent eher und auf 3 Prozent voll und ganz zu.

Krankhafte soziale Ängste im Sinne einer sozialen Phobie treten in den USA bei 12 Prozent der Bevölkerung irgendwann im Laufe des Lebens auf. 7–8 Prozent der Bevölkerung wiesen im letzten Lebensjahr eine soziale Phobie auf. Insgesamt kann man für Europa feststellen: Knapp jeder Zehnte leidet eine Zeit lang in seinem Leben unter einer Sozialphobie. Sie ist die häufigste Angststörung und nach Depressionen und Alkoholproblemen die dritthäufigste psychische Störung überhaupt. Rund zwei Drittel der Betroffenen leiden unter der schwereren Form der sozialen Phobie, nämlich der generalisierten Sozialphobie oder sozialen Angststörung.

Etwas mehr als die Hälfte der Menschen mit einer sozialen Phobie sind Frauen. Das Verhältnis Frauen zu Männern beträgt 3:2 – zumindest geben weibliche Befragte ihre Ängste bei Interviews eher zu als männliche Betroffene, die sich des Ausmaßes ihrer Phobie oft gar nicht bewusst sind, auch weil es dem gängigen Geschlechtsrollenklischee widerspricht. Männer sollen in unserer Gesellschaft noch weniger als Frauen schüchtern oder sozial ängstlich sein. In Behandlungseinrichtungen sind sozialphobische Frauen und Männer allerdings gleich häufig vertreten.

Krankhafte soziale Ängste nehmen vor allem bei der jüngeren Bevölkerung dramatisch zu, was durch den ansteigenden Druck in der westlichen Leistungsgesellschaft bedingt ist. Die Ängste beginnen immer früher und weisen einen immer höheren Schweregrad auf. Bei drei Viertel der Betroffenen setzen soziale Phobien vor dem 16. Lebensjahr ein und damit früher als eine Panikstörung, eine generalisierte Angststörung oder eine Platzangst. Je früher eine soziale Phobie auftritt, desto eher entwickelt sich die schwerwiegendere Form der generalisierten Sozialphobie, die durchschnittlich mit 10–13 Jahren beginnt.

Soziale Ängste entwickeln sich häufig zu Beginn der Pubertät, was verständlich ist. Jugendliche fragen sich zunehmend: »Wer bin ich? Wodurch unterscheide ich mich von anderen? Wie sehen mich die anderen? Wie komme ich an?« Dass eine Sozialphobie erstmals nach dem 25. Lebensjahr auftritt, ist eher selten. Es kommt vor allem bei einer spezifischen Sozialphobie vor, wenn die Betroffenen bereits erfolgreich Leistungen erbringen, einen sozialen Aufstieg geschafft haben und damit in eine Position gelangt sind, in der sie im Mittelpunkt stehen. Als Folge einer sichtbaren körperlichen Erkrankung, die zu einem unangenehmen Angestarrt-Werden führt, kann sich auch eine sogenannte sekundäre soziale Phobie entwickeln.

Soziale Phobien verschwinden selten ohne fachgerechte Behandlung. Nur bei jedem dritten Patienten erfolgt im Laufe der Jahre eine Spontanheilung. Rückfälle sind häufig und kommen etwa bei einem Drittel der zunächst erfolgreich Behandelten vor. Bei Personen mit einer generalisierten Sozialphobie bewirken Therapien viel seltener eine vollständige Heilung. Vor allem bei Sozialphobikern mit Mehrfacherkrankung ist eine längere und intensive Behandlung nötig. Ohne Behandlung nehmen soziale Phobien und soziale Angststörungen eher einen chronischeren Verlauf als Depressionen oder andere Angststörungen. Dies gilt vor allem für die generalisierte Sozialphobie, die oft von klein auf mit sozialen Defiziten verbunden ist.

Obwohl sie unter erheblicher Belastung leiden, machen die meisten Menschen mit sozialen Ängsten und Phobien erst viel später eine Psychotherapie als Patienten mit anderen psychischen Störungen. Sie begeben sich – wenn überhaupt – oft erst nach Jahrzehnten in Behandlung, und dann vor allem wegen verschiedener Folgeprobleme wie etwa Panikattacken, Alkohol- oder Medikamentenmissbrauch, psychosomatischer Störungen, Depressionen oder gar Selbstmordversuchen. Vermutlich setzen die Betroffenen ihre Störung lange Zeit irrtümlich mit ihrem Charakter gleich und kommen gar nicht auf die Idee, dass es Behandlungsmöglichkeiten geben könnte.

Soziale Ängste haben schwerwiegende Folgen

Aufgrund ihrer langfristigen Folgen sind krankhafte soziale Ängste keineswegs harmlose psychische Befindlichkeitsstörungen. Mit der Zahl und dem Ausmaß der sozialen Ängste steigt die Gefahr, dass die Betroffenen an weiteren psychischen Störungen erkranken. Rund drei Viertel der sozialphobischen Patienten leiden im Laufe ihres Lebens auch noch unter anderen Angststörungen, Depressionen, Alkohol- und/oder Medikamentenabhängigkeit sowie psychosomatischen Störungen. Eine zusätzliche soziale Phobie stellt bei Patienten mit anderen psychischen Störungen eine Komplikation bei der Heilung dar, vor allem bei Menschen mit Alkoholmissbrauch, Depressionen oder Essstörungen.

Eine *Depression* resultiert häufig aus sozialem Rückzug, mangelnden positiven Erfahrungen mit der Umwelt und Misserfolgen im Leistungsbereich. Bei manchen Betroffenen kann dies bis zu Lebensüberdrüssigkeit und Selbstmordversuchen führen. Sozialphobiker mit einer zusätzlichen Depression entwickeln eine schwerere Form von Sozialphobie als nichtdepressive Sozialphobiker, weil sie auf Kritik und Ablehnung noch heftiger reagieren als andere Menschen. Vor allem bei frühem Beginn der sozialen Phobie besteht die Gefahr von Depressionen oder Alkoholproblemen. Alkohol wird von vielen Menschen mit sozialen Ängsten jahrelang subjektiv erfolgreich als »soziales Gleitmittel« eingesetzt, um unauffällig und locker zu wirken, bis sich aus dem ursprünglichen Problemlöser neue Probleme entwickeln.

Eine soziale Phobie muss möglichst rasch behandelt werden, da sie als *Einstiegsstörung* in noch schwerere psychische Störungen bezeichnet werden kann. Es ist fast nicht zu glauben, aber eine nicht behandelte Depression geht aufgrund des phasischen Verlaufs eher vorbei als eine chronifizierte soziale Angststörung.

Menschen mit krankhaften sozialen Ängsten führen ein Leben voll verpasster Chancen. Soziale Phobien, die nicht therapeutisch behandelt werden, haben zahlreiche negative Auswirkungen im privaten, sozialen, schulischen und beruflichen Bereich. Die Betroffenen finden häufig keinen Partner, sind öfter im Krankenstand sowie dreimal häufiger arbeitslos als Gesunde und werden spätestens aufgrund dieser Arbeitslosigkeit sozial stigmatisiert. Soziale Vermeidung und Misserfolge in Ausbildung und Beruf beeinträchtigen die Karriere vieler Menschen mit sozialen Ängsten.

Selbst zahlreiche Menschen, die »nur« schüchtern sind, haben die Nachteile ihres Verhaltens erfahren müssen. Aufgrund ihrer Zurückhaltung werden sie bereits von klein an regelmäßig unterschätzt. Sie gelten in der Schule als brav, jedoch so ruhig, dass die Lehrkräfte sich mehr Mitarbeit wünschen, wie die Eltern an Sprechtagen immer wieder zu hören bekommen. Schüchterne Schülerinnen und Schüler erhalten aufgrund ihrer geringen mündlichen Beteiligung am Unterricht oft schlechtere Noten als nichtschüchterne und nichtängstliche. Bei sportlichen Veranstaltungen werden sie (zumindest in der westlichen Welt) als letzte berücksichtigt und erfahren dadurch soziale Ablehnung. Kinder, die von klein auf extrem schüchtern sind, werden leicht zu Außenseitern.

Soziale Ängste haben negative Auswirkungen auf die geistige Leistungsfähigkeit: Man kann nicht mehr klar denken; oft entsteht eine völlige Leere im Gehirn, ein Blackout. Aufgrund von angstbedingten Konzentrationsstörungen kann beim Lernen nicht die maximale Leistungskapazität genutzt werden. Bei Prüfungsängsten ist oft der Abruf des gespeicherten Wissens aus dem Gedächtnis blockiert, wodurch die Betroffenen unwissender wirken, als sie tatsächlich sind.

Teil 2
Soziale Ängste – Ursachen, Auslöser, Verstärker

Man flieht nicht, weil man Angst hat,
sondern man hat Angst, weil man flieht.

WILLIAM JAMES

Der zweite Teil des Buches soll Ihnen helfen, Ihre sozialen Ängste besser zu verstehen. Soziale Ängste stehen mit typischen Denkmustern, Gefühlen, körperlichen Reaktionen und sichtbaren Verhaltensweisen in Zusammenhang. Sie haben bestimmte Ursachen, Auslöser und Verstärker und sind eng verknüpft mit bestimmten biologischen, persönlichkeitsspezifischen, lebensgeschichtlichen, sozialen und soziokulturellen Aspekten. Vorweg sei gesagt: Soziale Ängste und Phobien haben nicht eine, sondern viele Ursachen, die miteinander in Wechselwirkung stehen und die Ausprägung einer ganz bestimmten individuellen Symptomatik bestimmen.

Erst die spezifische Kombination verschiedener Aspekte löst belastende soziale Ängste und Phobien aus: So können eine gewisse biologische Anfälligkeit sowie bestimmte kulturelle, lebensgeschichtliche, familiäre und außerfamiliäre Lebensbedingungen und Erfahrungen in Verbindung mit bestimmten Denkmustern, Eigenschaften und sozialen Defiziten dazu führen, dass sich soziale Ängste und Phobien entwickeln. Diese werden durch falsche Problemlösungsstrategien wie etwa Vermeidung, Sicherheitsverhalten und erhöhte Selbstaufmerksamkeit aufrechterhalten und verschlimmert. Dieser *bio-psycho-soziale Ansatz*, der körperliche, personspezifische und umweltbedingte Aspekte gleichermaßen berücksichtigt, wird der Vielschichtigkeit sozialer Ängste am besten gerecht.

Organische Faktoren:
die Macht der Biologie

Angststörungen sind zu einem Drittel biologisch bedingt. Es handelt sich dabei um unspezifische Faktoren, die noch keine genetische Festlegung auf eine ganz bestimmte Angststörung bedeuten. Folgende biologische Aspekte sind bei der Entstehung krankhafter sozialer Ängste bedeutsam: Vererbung, Konstitution, Überaktivität bestimmter Gehirnareale, unkontrollierbare körperliche Erregung und Störungen im Bereich der Botenstoffe im Gehirn.

Soziale Ängste sind in biologischer Hinsicht durchaus sinnvoll: Der Mensch ist ein soziales Wesen und kann es nicht tolerieren, aus der Gemeinschaft ausgeschlossen zu werden. Er tut alles, um in das bestehende soziale Gefüge integriert zu werden, auch wenn er sich den Erwartungen der Umwelt anpassen muss.

Vererbung ist kein Schicksal

Es ist eine alte Streitfrage: Sind soziale Ängste angeboren oder erlernt? Mittlerweile ist wissenschaftlich erwiesen: Der *Erbfaktor* bei sozialen Phobien beträgt 30–40 Prozent. Er ist bei der generalisierten Sozialphobie höher und bei der spezifischen Sozialphobie niedriger. Soziale Ängste weisen eine stärkere erbliche Komponente auf als andere Angststörungen. Soziale Angststörungen treten familiär gehäuft auf: Menschen mit sozialen Ängsten haben oft einen Elternteil, der von ähnlichen Problemen betroffen war. Das Risiko, in einer Familie mit einem sozialphobischen Elternteil eine soziale Phobie zu bekommen, ist dreimal so hoch wie in einer unbelasteten Familie. Dies lässt sich nicht allein durch ein ungünstiges elterliches Vorbild erklären, wie Studien an Zwillingskindern, die getrennt aufgewachsen sind, gezeigt haben. Vererbung ist jedoch kein Schicksal! Genetische Faktoren sind zwar mehr oder weniger bedeutsam für die Entwicklung von sozialen Ängsten, die Betroffenen haben jedoch die Chance, durch ihr Verhalten Einfluss darauf zu nehmen.

Biologisch geprägtes Reaktionsspektrum:
Flucht, Verhaltensblockade, Ohnmachtsgefühl

In Angstsituationen haben Menschen und Tiere grundsätzlich vier biologisch vorgegebene Verhaltensmöglichkeiten: Kampf, Flucht, Verhaltensblockade und Ohnmacht. Selbstbehauptung, eigentlich die wirksamste Strategie, ist Menschen mit sozialen Ängsten allerdings nicht möglich. Sie gehören nicht zu jenen Personen, die in bedrohlichen sozialen Situationen buchstäblich den Kampf aufnehmen. Sozial Ängstliche bekommen vielmehr »Schiss« und neigen zur Vermeidung sozialer Situationen oder – wenn dies nicht möglich ist – zur Flucht aus peinlichen und subjektiv bedrohlichen Situationen. Bei fehlender Fluchtmöglichkeit wird ihr Verhalten durch ein biologisches Notfallprogramm völlig blockiert: Eine bestimmte Gehirnregion (das sogenannte septohippokampale System) übernimmt die Steuerung, sodass die Betroffenen wie erstarrt (»starr vor Schreck«) wirken und körperlich total regungslos sind; ihr geistiges Verwirrtsein ist durch eine hormonelle Übererregung bedingt. Andere Sozialphobiker fühlen sich buchstäblich der Ohnmacht nahe – analog zum Totstellreflex der Tiere gegenüber mächtigeren Feinden. Selbst wenn sich die Betroffenen subjektiv gar nicht so ängstlich fühlen, schaltet ihr Gehirn schnell auf eine körperliche Aktivierung um, die zu einer Fluchtreaktion aus der sozialen Situation oder zu einer Verhaltensblockade im Sinne von Gehemmtheit führt. Ein gewisses Maß an Gehemmtheit gegenüber Fremden und Vorsicht in neuen sozialen Situationen ist aus biologischer Sicht durchaus sinnvoll, bis Kinder mit zunehmender Erfahrung eine realistische Einschätzung ihrer Interaktionspartner erlernen.

Viele von uns kennen die folgenden Erfahrungen in sozialen Situationen: Wir flüchten vor Belastungen, wenn wir sie nicht mehr aushalten. Wir sind ständig »auf dem Sprung«, um bei Bedarf jederzeit einer peinlichen Blamage entkommen zu können, und sind daher dauerhaft verspannt. Jede Flucht und Vermeidung verstärkt unsere Überzeugung, dass wir die jeweiligen sozialen Anforderungen nicht erfolgreich hätten bewältigen können. Manchmal fühlen wir uns vor Schreck wie gelähmt, der jeweiligen Situation hilflos, geradezu ohnmächtig ausgeliefert, und unterliegen einer totalen Verhaltensblockade. In Prüfungssituationen bekommen wir dann einen Blackout: Angst und Erregung blockieren unser Gedächtnis vorübergehend so stark, dass uns nichts mehr von dem einfällt, was wir gelernt haben.

Übererregbarkeit der Angstschaltkreise im Gehirn

Alle psychischen Vorgänge werden durch Prozesse im Gehirn gesteuert. Das gilt auch für die Emotionen. Bei Menschen mit ausgeprägten sozialen Ängsten lässt sich bereits in sozialen Situationen mit geringem Bedrohungspotenzial eine *Übererregbarkeit der neuronalen Angstschaltkreise im Gehirn* feststellen: Die Angstsensoren im Gehirn sind gleichsam zu scharf eingestellt, d. h. die zuständigen Bereiche des Gehirns reagieren zu schnell und sensibel auf vermeintlich bedrohliche innere Reize (Gedanken, Erinnerungen, Bilder, Vorstellungen) oder äußere Reize (andere Personen oder bestimmte Umweltsituationen). Bei jeder Phobie erfolgt eine extrem rasche körperliche Reaktion auf den phobischen Reiz oder dessen bloße Vorstellung in der Fantasie – und bei Sozialphobikern sind dies eben Menschen. Eine wissenschaftliche Studie hat gezeigt: Sozialphobiker sind hypersensibel für feindselig wirkende Gesichter. Auf subjektiv bedrohliche Personen reagieren sie schneller als andere Menschen mit körperlicher und geistiger Alarmierung.

Emotionen haben ihren Sitz in den ältesten Bereichen des Gehirns, dem *limbischen System* oder emotionalen Hirn. Hier sind verschiedene Regionen bedeutsam, die schneller reagieren als die bewussten Wahrnehmungs- und Verstandeszentren. Angst entsteht in den sogenannten *Mandelkernen* (Fachausdruck: *Amygdalae*), vermittelt über das emotionale Gedächtnis im benachbarten *Hippocampus*, der unsere Lebenserfahrungen mit den damit verbundenen Gefühlen festhält und alle neuen Erlebnisse damit abgleicht. Wann immer eine Situation bedrohlich erscheint, löst der Hippocampus im linken und rechten Mandelkern automatisch eine Angstreaktion aus. Auch alle Angst machenden Gedanken und Bewertungen im denkenden Hirn, der vorderen Gehirnrinde (präfrontaler Kortex), wirken auf die beiden Mandelkerne ein. Doch sehen wir es positiv: In diesem jüngsten Gehirnbereich haben auch die angstregulierenden Fähigkeiten des Menschen ihren Sitz.

Die Kommunikation zwischen den verschiedenen Regionen des *limbischen Systems* einerseits und dem *präfrontalen Kortex* (hinter der Stirn) andererseits bestimmt, ob es einen konstruktiven bzw. destruktiven Umgang mit Ängsten gibt. Abgespeicherte positive Erfahrungen im Hippocampus und neue Bewertungsmuster im präfrontalen Kortex, wie sie sowohl durch erfolgreiche Eigenbemühungen als auch durch Psychotherapie ermöglicht werden, bewirken eine gewisse Kontrolle über den ungestümen Mandelkern – allerdings erst mit einiger Verzögerung. Das ist die Tragik bei sozialphobischen Personen: Sie können die ersten spontan auftretenden körperlichen Reaktionen nicht tolerieren, sondern kämpfen aus Angst vor Auffälligkeit ständig dagegen an und verstricken sich dadurch immer mehr in den Teufelskreis der Angst. Doch wir müssen damit leben lernen, dass unser biologisch gesteuertes Angstsystem anfangs oft stärker ist als alle Vernunft und Willensanstrengung. Gerade für sehr verstandesbetonte Menschen ist es eine deprimierende Erfahrung, dass sich gut gemeinte Ratschläge und Ermutigungen von Freunden, Ärzten und Psychotherapeuten nicht so einfach umsetzen lassen.

Aufgrund der angsthemmenden Wirkung verschiedener Psychopharmaka, vor allem der Antidepressiva aus der Gruppe der sogenannten Serotonin-Wiederaufnahmehemmer, hat man geschlossen, dass auch bestimmte Botenstoffe des Gehirns, wie etwa *Serotonin*, zur Entwicklung von Ängsten wesentlich beitragen. Ihre genaue Funktion bei sozialen Ängsten ist jedoch noch nicht ausreichend geklärt. Es wird angenommen, dass die Mandelkerne in ihrer Aktivität nicht mehr ausreichend gehemmt werden, weil die Signalübertragung durch Serotonin gestört ist. In verschiedenen Studien wurde aber weniger die spezifische Wirkung von Serotonin, sondern vielmehr die verminderte Wirkung des Botenstoffes *Dopamin* als maßgeblich für die Entwicklung einer sozialen Phobie aufgezeigt.

Die Bedeutung des vegetativen Nervensystems

Wenn wir uns stark fürchten, stellen wir uns nicht nur etwas Bedrohliches vor, sondern wir erleben, dass unser Körper von zahlreichen Symptomen überflutet wird. Alle körperlichen Angstreaktionen laufen in derselben Weise ab: Wenn ein Reiz als bedrohlich wahrgenommen worden ist, aktiviert der Mandelkern, der gewissermaßen das Zentrum der Angst darstellt, den *Hypothalamus*, die Steuerungszentrale aller vegetativen und hormonellen Prozesse. Der Hypothalamus stimuliert dann über Nervenbahnen im Nebennierenmark – dass ist der schnelle Weg – die Ausschüttung der Stresshormone Adrenalin und Noradrenalin, auf langsamerem Weg aktiviert er über bestimmte Regulationshormone (insbesondere CRH) die Hypophyse, die wiederum das Hormon ACTH freisetzt, das in der Nebennierenrinde die Ausschüttung des Dauerstresshormons Kortisol bewirkt. Die Stresshormone steuern das vegetative Nervensystem mit seinen beiden Zweigen, dem sympathischen Nervensystem, das der Aktivierung im Sinne von Kampf oder Flucht dient, und dem parasympathischen Nervensystem, das die anschließende Ruhe und Erholung bewirkt.

Es ist eine wissenschaftlich gesicherte Tatsache, dass viele schüchterne und sozial ängstliche Menschen – vor allem Personen mit einer spezifischen Sozialphobie – ein leicht erregbares vegetatives Nervensystem aufweisen und daher schneller mit unangenehmen körperlichen Symptomen regieren als andere Menschen. Das im Vergleich zu nichtphobischen Personen höhere Erregungsausmaß kann sich auch leicht bis zu einer situationsspezifischen Panikattacke aufschaukeln.

Starke soziale Ängste bewirken ähnliche körperliche Symptome wie andere Ängste: Herzrasen oder Herzklopfen, unregelmäßiger Herzschlag, Blutdruckveränderungen, Schweißausbrüche, erhöhte Temperatur, Zittern (besonders der Hände und des Kopfes), wacklige Knie, Schwindel, Ohnmachtsgefühl, körperliche Erstarrung, Mundtrockenheit, rasche und flache Atmung, Atemnot, Druck- und Engegefühle im Brustkorb, Beklemmungsgefühl, Zuschnüren der Kehle, Kloßgefühl im Hals, Druckgefühl im Kopf, kalter Schweiß auf der Stirn, kalte und feuchte Hände, Muskelverspannungen, Appetitlosigkeit, Übelkeit, Brechreiz, flaues Gefühl im Magen, Blähungen, Aufstoßen, Magenbeschwerden, Durchfall, Harndrang, Kribbelgefühle am ganzen Körper, »Gänsehaut«, Hitzegefühle oder Kälteschauer, Sehstörungen, Ohrensausen, Weinen, Veränderungen der Stimme (leiser, höher oder gepresster). Die verschiedenen körperlichen Reaktionen treten bei jedem Betroffenen in unterschiedlichem Ausmaß auf.

Bei sozialen Ängsten werden wegen ihrer Auffälligkeit vor allem folgende Symptome als peinlich erlebt bzw. ist die Angst vor ihnen belastend: Erröten, Händezittern, Schwitzen, Übelkeit mit Brechreiz, Harn- oder Stuhldrang mit häufigem WC-Besuch. Die ständige körperliche Fluchtbereitschaft in einer sozialen Situation, der man jedoch nicht entkommen kann, führt zu einer Dauerverspannung bis bin zu Schmerzen.

Belastend ist auch der trockene Mund vor einer Rede oder einem Vortrag – ein Glas Mineralwasser steht deshalb meist bereit. Vor einer Präsentation x-mal auf die Toilette laufen zu müssen ist ein Zeichen von Nervosität. Prüfungsängste schlagen sich häufig in Form von Appetitlosigkeit oder Übelkeit auf den Magen. Das Herzklopfen während eines Auftritts kann so belastend sein, dass manche Betroffene vorher einen *Betablocker* (z. B. Inderal oder Dociton) einnehmen. Feuchte Hände beim Klavierspielen, ein trockener Mund beim Trompetenspielen, ein Zittern des bogenführenden Armes beim Violinspielen und weiche Knie beim Orgelspielen wirken sich für viele Berufsmusiker sehr störend aus.

Sänger verlieren bei Ängsten ihr Stimmvolumen. Sportler werden aus Angst verspannt und verlieren dadurch die nötige Elastizität.

Wenn in Leistungssituationen ein hohes Angstniveau vorherrscht, beeinträchtigt dies die Aufmerksamkeit und Konzentration, den Abruf des gespeicherten Wissens und das planerische Verhalten, sodass die Betroffenen auf andere Menschen manchmal konfus wirken und weit unter ihren Möglichkeiten bleiben.

Erröten, Schwitzen, Zittern: Angst vor peinlichen Symptomen

Ist es Ihnen peinlich, in der Öffentlichkeit zu erröten, zu schwitzen oder zu zittern? Viele sozial ängstliche Menschen möchten im wahrsten Sinne des Wortes gerne ihr Gesicht wahren und hätten in sozialen Situationen gerne eine Art Pokerface, das nichts von der momentanen gefühlsmäßigen Betroffenheit widerspiegelt. Wir möchten unser Innerstes vor den Blicken anderer Menschen verbergen, doch unser Körper verrät oft ungewollt unsere emotionale Anspannung. Sichtbare Körperreaktionen wie Erröten, Schwitzen, Zittern und Sprachstörungen, aber auch unsichtbare Symptome mit möglicherweise sichtbaren Auswirkungen wie Übelkeit mit Brechreiz, Harn- oder Stuhldrang mit ständigen Toilettenbesuchen verstärken die Angst vor sozialer Auffälligkeit. Sie kann das Ausmaß einer *spezifischen sozialen Phobie* annehmen, wenn die Körpersymptome, je mehr man sie zu unterdrücken sucht, immer stärker werden und die Betroffenen dann umso mehr fürchten, die anderen könnten diese körperlichen Empfindungen wahrnehmen und als »Nervenschwäche« interpretieren.

Es ist nicht das jeweils auftretende körperliche Symptom an sich, das Angst macht, sondern vielmehr die Vorstellung, was die anderen darüber denken könnten. Die Ursache für das Unwohlsein sind weniger die vermeintlich sichtbaren körperlichen Symptome, sondern die Angst vor der Angst. Dies führt dazu, dass die Betroffenen sich immer weniger dem Kontakt mit anderen Menschen widmen, sondern sich stattdessen ständig damit beschäftigen, wie sie die – vermeintlich – auffälligen Körperreaktionen verhindern oder verringern können – wobei sie durch diese Änderung ihres Verhaltens sozial viel auffälliger werden als durch die gefürchteten Symptome.

Die *Angst zu erröten (Erythrophobie)*, und zwar nicht nur im Gesicht, sondern auch am Hals und am ganzen Oberkörper, kann nach einem plötzlichen Erröten aus Scham, Peinlichkeit, Überraschung oder Furcht entstanden sein. Manche Menschen erröten schnell, ähnlich wie andere Personen vor Schreck völlig blass werden. Starkes Erröten kann vererbt sein und tritt nicht nur bei weißen, sondern auch bei Menschen mit dunklerer Hautfarbe auf. Nur Menschen können als Folge von persönlicher Betroffenheit erröten. Jeder zweite Mensch neigt zum Erröten, Frauen stärker als Männer, Babys dagegen überhaupt nicht.

Erröten ist eine unwillkürliche und sehr persönliche Ausdrucksform der momentanen Gefühlslage – für viele in öffentlichen Situationen zu intim. Die Schamröte im Gesicht beeinträchtigt unseren Selbstwert, wir fühlen uns unzulänglich und gedemütigt. Das bekannte Zitat aus Schillers Gedicht von der Glocke »Errötend folgt er ihren Spuren« stellt Rotwerden gar in einen Zusammenhang mit sexuellem Aufgewühltsein. Psychisch bedingtes Erröten setzt plötzlich ein und klingt auch rasch wieder ab, wenn es nicht durch ständiges Dagegen-Ankämpfen aufrechterhalten wird. Die Hauttemperatur steigt um etwa 0,15 Grad, die Betroffenen haben jedoch das Gefühl zu glühen.

Erröten trifft unterschiedliche Menschentypen: Manche erröten einfach leicht, nehmen es aber nicht so tragisch, andere wiederum wurden früher kaum rot, haben aber seit einem einmaligen peinlichen Rotwerden ständig Angst davor. Ein emotional bedingter Blutandrang im Kopf wird bei jenen stärker sichtbar, die eine relativ »dünne« Oberhaut und eine relativ starke Durchblutung der Lederhaut aufweisen, manchmal liegt auch ein schwächer entwickeltes Bindegewebe vor. Körperlich bedingtes Erröten – etwa durch anstrengende körperliche Tätigkeiten, rasche Temperaturänderungen, Alkohol oder heiße Getränke –, das durch die Gefäßerweiterung im Gesicht eine Abkühlung des Körpers bewirkt, führt dagegen kaum zu jenen Ängsten wie plötzliches gefühlsbetontes Erröten.

Die *Angst vor Händezittern* hängt mit einem körperlichen Anspannungsgefühl in sozialen Situationen zusammen, das häufig so groß ist, dass die Betroffenen glauben, es könnte sichtbar werden. Tatsächlich besteht meist nur eine starke, für andere jedoch nicht erkennbare Anspannung, lediglich bei einigen wenigen Betroffenen zeigt sich ein leichtes Zittern der Hand, manchmal auch des Kopfes. Bei Sozialphobikern mit Angst vor Händezittern ist oft nicht nur die Hand verspannt, sondern vielmehr der ganze Arm und auch der Schulter-Nacken-Bereich.

Die Angst vor dem sichtbaren Zittern der Hände kann dazu führen, dass die Betroffenen in Anwesenheit anderer Menschen aus Angst, unangenehm aufzufallen, nichts essen, trinken oder unterschreiben. Wenn sie beobachtet werden, haben Sozialphobiker Angst, auf einem Formular nur unleserlich unterschreiben zu können, im Restaurant die Suppe vom Löffel zu kippen, beim Anstoßen mit dem Weinglas ungeschickt zu sein, im Café den Zucker oder den Kaffee zu verschütten, im Selbstbedienungsrestaurant das Cola-Glas unruhig zu tragen, im Geschäft das Wechselgeld nicht in Ruhe entgegennehmen zu können und Ähnliches. Ohne das Gefühl, beobachtet zu werden, können die Betroffenen alle Tätigkeiten problemlos ausführen. Sozialphobisch bedingtes Händezittern wird viel peinlicher erlebt als organisch bedingtes: Parkinson-Kranke zittern sehr stark, bemerken es jedoch oft gar nicht und haben trotz ihrer Beeinträchtigung gewöhnlich keine Angst, etwas in der Öffentlichkeit zu tun.

Die *Angst vor Schwitzen* beruht auf der unangenehmen Erfahrung einer schweißtriefenden Stirn, glitschiger Handflächen und von Achselschweiß mit sichtbaren Schweißflecken auf dem Hemd. Sie belastet viele Menschen, die öffentlich auftreten. Die Betroffenen fürchten sich davor, nach einer Besprechung dem anderen eine feuchte Hand geben zu müssen und spätestens dann als »nervlich angeschlagen« zu gelten. Schweißbildung wird aber auch wegen der unangenehmen Geruchsbelästigung gefürchtet.

Bei der Angst vor *Erbrechen, Harn- und Stuhldrang* handelt es sich um die Befürchtung, die Kontrolle über die Organe zur Nahrungsaufnahme und Nahrungsausscheidung zu verlieren. Sie steht nur bei einem kleinen Teil der sozialphobischen Patienten im Mittelpunkt des Erlebens. Die Furcht vor diesen zunächst ja noch unsichtbaren Symptomen (ein Würgen im Hals oder ein Druck auf der Blase kann von anderen ja nicht wahrgenommen werden) wird wegen der möglichen peinlichen Folgen als noch bedrohlicher erlebt als die vergleichsweise harmlosen Symptome Erröten, Schwitzen und Zittern. Die Angst vor Übelkeit bis hin zum Brechreiz kann sich verstärken, wenn bereits mehrfach die Erfahrung gemacht wurde, dass man bei Einladungen keinen Bissen zu sich nehmen konnte und nach plausiblen Begründungen dafür suchen musste, warum man nichts essen kann. Appetitlosigkeit oder Magenverstimmung sind hier beliebte Ausreden.

Menschen mit einem *Reizblasenproblem* (mehrheitlich sind Frauen betroffen) haben Angst, in sozialen Situationen unangenehm aufzufallen, weil sie befürchten, aufgrund eines nervös bedingten Harndrangs unnötig oft auf die Toilette laufen zu müssen. Ausgeprägte Beobachtungsängste können aber auch blockierend auf die Ausscheidungsorgane wirken. Viele Männer können auf der Toilette nicht urinieren, wenn am

Pissoir daneben ein anderer Mann steht (Fachausdruck *Paruresis*, auf Deutsch oft »schüchterne Blase« genannt). Sie trinken daher bei einer auswärtigen Feier nur wenig, um nicht mit voller Harnblase dasitzen zu müssen. Auch manche Frauen können in keine Toilettenkabine eintreten, wenn sie sich auf dem »stillen Örtchen« beobachtet fühlen und peinliche Geräusche und Gerüche nach außen dringen könnten. Stressbedingter Harndrang und psychogenes Harnverhalten begünstigen aufgrund der Furcht vor peinlicher Auffälligkeit die sozialen Ängste und vermindern die Freude am Zusammensein mit anderen Menschen.

Die *Angst vor Ohnmacht* als Folge eines Kreislaufkollapses löst bei sozialphobischen Patienten – anders als bei Menschen mit einer Panikstörung – zwar keine herzbezogene Todesangst aus, aber immerhin die unerträgliche Befürchtung, in aller Öffentlichkeit peinlich umzufallen und dann dem Gerede der Leute ausgesetzt zu sein (»Umfallen ist Auffallen«).

Welche Beziehung besteht nun zwischen diesen peinlichen körperlichen Symptomen und einer sozialen Phobie? Führen soziale Ängste zu diesen unkontrollierbaren Symptomen, wie Fachleute meinen, oder bewirken diese sichtbaren Symptome erst die soziale Phobie, wie viele Betroffene glauben? Was war also früher da, die soziale Phobie oder die an sich harmlosen Symptome?

Der Zusammenhang zwischen den sozialen Ängsten und den unangenehmen Körpersymptomen steht für viele Betroffene fest: Nicht die Ängste führen zu Symptomen, sondern die unerklärlichen Symptome verursachen die Ängste. Die körperlichen Angstsymptome werden als das primäre Problem erlebt: Wenn keine körperlichen Symptome vorhanden wären, hätte man auch keine Ängste. Doch ein solches Denken stellt eigentlich eine Art Selbstbetrug dar. Dadurch, dass die Aufmerksamkeit auf die Symptome verlagert wird, muss man sich nicht mit den zugrunde liegenden sozialen Ängsten auseinandersetzen. Typische Aussagen sind etwa: »Wenn ich nicht so leicht erröten, schwitzen oder zittern würde, hätte ich keine Angst vor anderen Menschen.« Wer dann glaubt, dass die körperlichen Symptome durch eigene Bemühungen oder eine Psychotherapie nicht beeinflusst werden können, sucht die Lösung in der Einnahme von Medikamenten (Beruhigungsmitteln, Betablockern, Antidepressiva, homöopathischen Mitteln) oder gar in operativen Eingriffen, wie dies nicht selten bei Menschen mit starkem Schwitzen der Fall ist.

Zusammenfassend lässt sich feststellen: Sichtbare körperliche Symptome sind nicht die Ursache für normale oder krankhafte soziale Ängste, aufgrund ihrer Unkontrollierbarkeit können sie jedoch erheblich dazu beitragen, dass sich das Risiko einer spezifischen Sozialphobie erhöht. Das ist etwa dann der Fall, wenn die Betroffenen plötzlich im Mittelpunkt stehen, z. B. weil sie eine Leitungsfunktion übernehmen, die sie vorher nicht innegehabt hatten.

Psychische Faktoren:
die Macht der Gedanken und Gefühle

Nicht die Dinge an sich sind es,
die uns beunruhigen, sondern
unsere Vorstellung von den Dingen.
EPIKTET

Normale und krankhafte soziale Ängste stehen in engem Zusammenhang mit ganz bestimmten Denkmustern, Verhaltensweisen und Persönlichkeitsmerkmalen, die im Folgenden näher beschrieben werden.

Ständiges Vorausdenken und Nachgrübeln:
Erwartungsangst und »Nachbearbeitung«

Es stimmt: Der erste Eindruck ist oft entscheidend. Nach den ersten eineinhalb Minuten einer Begegnung steht fest, ob wir jemanden interessant, vertrauenswürdig, sympathisch und liebenswert finden. So geht es auch den anderen mit uns. Das müssen wir besser aushalten lernen. Nur dann können wir die Chance nutzen, in der weiteren Begegnung den ersten Eindruck der anderen Menschen gegebenenfalls zu korrigieren. Ängstliche Personen können damit nicht umgehen und leben deshalb in ständiger Furcht vor sozialen Auftritten und Begegnungen.

Aufgrund ihrer *Erwartungsängste* (der sogenannten »Angst vor der Angst«) gehen Menschen mit sozialen Ängsten bereits vor jedem Ereignis im Kopf alles sehr genau durch und malen sich in den grellsten Farben aus, was alles passieren könnte. Sie rechnen mit Blamage, Kritik, Misserfolg und Ablehnung und stellen sich den schlimmstmöglichen Ausgang einer Situation oder eines Ereignisses vor. Die Bilder sind genauso lebendig wie plastische Erinnerungen, und die visualisierten Befürchtungen werden im Gehirn tatsächlich wie lebhafte Erinnerungen abgespeichert – es sind also in gewisser Weise Albträume bei Tag. Die belastenden Imaginationen lösen starke Furcht sowie unangenehme körperliche Empfindungen aus. Vermeintliche oder tatsächliche Versagenserlebnisse in früherer Zeit geben den Erwartungsängsten immer wieder neue Nahrung. Die Katastrophenfilme im Kopf sind so lebhaft, dass sie auch durch konkrete positive Erfahrungen nicht relativiert werden können.

Menschen mit sozialen Ängsten neigen dazu, andauernd über bevorstehende Sozialkontakte nachzudenken. Dieses ständige Grübeln ist aber nicht nur ein Ausdruck der Hilflosigkeit und Unsicherheit, sondern eine bewusst eingesetzte Methode, die Angst machenden bildhaften Vorstellungen mithilfe von weniger ängstigenden Gedanken zu entschärfen. Die gedankliche Beschäftigung mit Blamage und Versagen ist also eine kognitive Vermeidungsstrategie zur Angstreduktion.

Die mentale Vorwegnahme von Angst machenden Situationen kennzeichnet jede Art von Phobie; die langwierige gedankliche *Nachbearbeitung* und nachträgliche Analyse ist jedoch das typische Merkmal einer Sozialphobie. Sozialphobische Personen neigen dazu, im Nachhinein über die erlebten sozialen Kontakte nachzugrübeln. Es geht um Fragen wie: »Was habe ich falsch gemacht?«, »Warum ist das nicht so gelaufen wie geplant?«, »Wie sehr haben die anderen meine Unruhe und Unsicherheit gemerkt?«, »Was denken die anderen jetzt über mich?«

Sozialphobikern fällt es sehr schwer, nach sozialen Begegnungen abzuschalten und das Geschehene vergangen sein zu lassen. An sich ist es ein ganz normales menschliches Bedürfnis, ein Erlebnis zu verarbeiten. Sozialphobiker gehen jedoch jede erlebte soziale Situation im Geist minutiös in allen Einzelheiten durch. Sie fragen sich, wie peinlich sie wohl auf andere gewirkt haben, fühlen sich beschämt und ärgern sich über sich selbst. Sie sehen ihr Verhalten viel negativer, als es tatsächlich war und verstärken damit ihre sozialen Ängste. Beim Nachgrübeln über eine bestimmte soziale Situation spüren Sozialphobiker ihre damalige körperliche Erregtheit und ihre peinliche Betroffenheit noch einmal ganz neu, weshalb ihre Erinnerungen für sie sehr belastend sind, während Außenstehende den möglichen kleinen Faux-pas gar nicht im Gedächtnis behalten haben. Menschen mit sozialen Ängsten gehen davon aus, dass die anderen bemerkt haben, welche innerliche Erregung sie gespürt haben. Sie verknüpfen dies mit anderen subjektiv blamablen Auftritten und Begegnungen, sehen sich darin bestärkt, dass sie unfähig und unattraktiv sind, und fühlen sich in ihren Erwartungsängsten bestätigt. Positive Rückmeldungen würdigen sie kaum, da ihre kritische Selbstwahrnehmung alles dominiert.

Erhöhte Selbstaufmerksamkeit:
Selbstbeobachtung statt Kontaktorientierung

Menschen mit sozialen Ängsten erwarten eine negative Beurteilung ihrer Person und ihres Verhaltens und neigen zu einer intensiven Selbstbeobachtung. Sie erleben sich selbst aus der *Beobachterperspektive*, vom Standpunkt der sozialen Umwelt aus, und beschäftigen sich ganz mit ihren eigenen Wahrnehmungen, Empfindungen, Gedanken und Verhaltensweisen, statt ihre Aufmerksamkeit voll und ganz auf ihre Interaktionspartner zu richten. In Anwesenheit anderer Menschen zeigen die Betroffenen eine *erhöhte Selbstaufmerksamkeit* und beobachten sich ständig selbst bei allem, was sie tun und sagen. Sie stehen gleichsam neben sich selbst und überwachen und bewerten andauernd ihr eigenes Verhalten. Wenn sie mit einer anderen Person Blickkontakt haben, versetzen sie sich in ihr Gegenüber und betrachten sich selbst aus dessen Perspektive. Ihr Verhalten in sozialen Situationen wird also durch eine doppelte Beobachter-Perspektive reflektiert und dadurch blockiert: Zum einen beobachten sozial ängstliche Menschen sich selbst anstatt ihre Gesprächspartner, zum anderen fühlen sie sich von den anderen beobachtet und sehen sich ständig aus deren Blickwinkel. Ihre Selbstaufmerksamkeit ist umso mehr erhöht, je größer die Unsicherheit und je geringer das Selbstvertrauen sind. Hinter dieser Selbstbeobachtung steht die Überzeugung, dass die anderen sehen können, was man innerlich spürt.

Bei andauernder Selbstbeobachtung hört man auf, zielorientiert zu handeln, und verharrt in einem höchst unangenehmen Zustand eines übersteigerten Bewusstseins seiner selbst, das jede soziale Begegnung erschwert und die nötige Konfrontation mit den Angst machenden Personen und Situationen verhindert. Aufgrund ihres selbstbeobachtenden Verhaltens und ihrer mangelnden Aufmerksamkeit nach außen wirken die Betroffenen noch unsicherer, gehemmter und distanzierter, als sie tatsächlich sind. Sozialängstliche Personen sind derart mit sich selbst beschäftigt, dass sie sich an das objektive Geschehen kaum erinnern können. Sie ergänzen ihre Erinnerungslücken durch Angst machende Vorstellungen, wie die anderen angeblich auf sie reagiert hätten. An ihre eigenen Gedanken, Gefühle und körperlichen Zustände können sie sich dagegen sehr gut erinnern.

Wie sehr ist Ihnen eine erhöhte Selbstaufmerksamkeit in sozialen Situationen vertraut? Ahnen Sie bereits, wie die Lösung Ihres Problems ausschauen müsste? Sie müssen gleichsam sich selbst vergessen, um sich ganz auf die anderen konzentrieren zu können.

Sicherheitsverhalten:
der Versuch, soziale Ängste zu kontrollieren

Es ist ganz normal, sich auf bevorstehende soziale Situationen möglichst gut vorzubereiten, um erfolgreich zu sein. Menschen mit sozialen Ängsten haben jedoch eine übergroße Aufmerksamkeit für alles, was sie in ihrem Selbstwertgefühl bedrohen könnte. Aus Angst vor einem unerträglichen Restrisiko sozialer Kritik treffen sie übermäßige Vorbereitungen, entwickeln perfektionistische Strategien und sichern sich extrem ab, wobei sie gleichzeitig weit überhöhte Ansprüche an sich selbst stellen. Viele Betroffene leben aus Angst vor der Peinlichkeit eines öffentlichen Kontrollverlusts in großer Furcht vor einer sichtbaren Panikattacke, die sie um jeden Preis zu vermeiden trachten.

Eine der Hauptursachen für das Weiterbestehen sozialer Ängste sind ständige Sicherheitsstrategien. Unter *Sicherheitsverhalten* versteht man alle Strategien im Denken und Verhalten, die dazu dienen, eine befürchtete Peinlichkeit oder vermeintliche Katastrophe in der sozialen Begegnung zu vermeiden. Solche Angstvermeidungsreaktionen führen dazu, dass die Betroffenen letztlich keine positiven Erfahrungen im Kontakt mit anderen Menschen machen können. Neben vielen bewusst eingesetzten Methoden sind manche Strategien so subtil, dass sie von den Betroffenen gar nicht als solche wahrgenommen werden, weil sie gleichsam automatisch und unbewusst eingesetzt werden.

Neben der bereits beschriebenen ständigen Selbstbeobachtung zur Vorbeugung eines schlechten Eindrucks gibt es fünf Arten von Sicherheitsverhaltensweisen. Während es bei der ersten Variante um Maßnahmen *vor* der Konfrontation mit sozialen Situationen geht, umfassen die vier anderen Verhaltensweisen Strategien *in* der Situation:

- *Vorbeugung:* Maßnahmen zur besseren oder gar perfekten Vorbereitung auf soziale Situationen.
- *Vermeidung:* Bestimmte soziale Situationen werden wenn möglich vermieden.
- *Unterdrückung:* Verbergen von möglicherweise oder tatsächlich auftretenden Angstzeichen.
- *Überspielung:* Strategien, Angst in sozialen Situationen zu überkompensieren.
- *Erklärung:* Entschuldigungsstrategien (»Ausreden«) für sichtbar gewordene Symptome.

Vorbeugungsmaßnahmen umfassen alle übertriebenen Versuche, unbedingt einen guten Eindruck bei anderen zu hinterlassen, sowie alle exzessiven Bemühungen, optimale Leistungen zu erzielen. Es handelt sich um Perfektionsstrategien, die das Gelingen sozialer Interaktionen herbeiführen sollen, und mit deren Hilfe befürchtete Fehler und persönliche Schwächen kompensiert werden:

- übermäßige, bis ins kleinste Detail gehende Vorbereitungen auf Vorträge oder Präsentationen sollen den Erfolg garantieren,
- Ablesen oder Auswendiglernen eines Manuskripts dient dazu, Unsicherheit oder Unkonzentriertheit zu vermeiden,
- überpünktliches Erscheinen bei einem vereinbarten Treffen soll verhindern, dass man im Falle einer Verspätung unangenehm im Mittelpunkt steht,
- die Mitnahme einer vertrauten Person soll den Kontakt mit unbekannten Menschen erleichtern,
- mithilfe von Medikamenten (Beruhigungsmitteln oder Betablockern) und Alkohol wird die Aufnahme von sozialen Kontakten erleichtert und eine künstliche Entspanntheit und Spontaneität hergestellt.

Vermeidungsversuche dienen dazu, jede Auffälligkeit in sozialen Situationen zu verhindern. Typische Verhaltensweisen sind:

- sich ablenken und an etwas anderes denken,
- Blickkontakt vermeiden und auf den Boden schauen,
- den Kontakt mit bestimmten Personen vermeiden,
- eine dunkle Sonnenbrille tragen, um Augenkontakt zu verhindern,
- nichts öffentlich sagen, um nicht im Mittelpunkt zu stehen,
- aus Angst vor Kritik nicht sprechen, seine Gefühle und seine Meinungen für sich behalten,
- leise sprechen, um nicht aufzufallen,
- zu einer Veranstaltung zu spät kommen oder vor dem Ende gehen, um Smalltalk zu vermeiden,
- öffentliches Sprechen unterlassen aus Angst, rot zu werden oder zu schwitzen,
- grelles Licht vermeiden aus Angst vor sichtbarem Erröten oder Schwitzen,
- öffentliche Mahlzeiten vermeiden aus Angst vor Übelkeit, Erbrechen oder Händezittern,
- heiße Getränke, warme Kleidung und überhitzte Räume vermeiden aus Angst, übermäßig zu schwitzen,

- in einem Lokal wenig trinken aus Angst, auf der öffentlichen Toilette nicht urinieren zu können,
- das Glas oder die Tasse nur halb füllen und keine Suppe löffeln, um eventuelles Verschütten der Flüssigkeit zu vermeiden,
- Entschuldigungen erfinden, um soziales Vermeidungsverhalten zu kaschieren.

Unterdrückungsmaßnahmen dienen dazu, bereits aufgetretene Symptome vermeintlich besser zu kontrollieren bzw. sie vor allem zu verbergen.

- Bei Angst vor Erröten werden gewöhnlich einige der folgenden Tricks eingesetzt: das Gesicht übermäßig stark schminken (dickes Make-up tragen), eine Feuchtigkeitscreme verwenden, eine große Sonnenbrille aufsetzen, langes Haar ins Gesicht fallen lassen, einen Vollbart tragen, die Hände über das Gesicht halten, mit der Kleidung – etwa einem Rollkragenpullover – den geröteten Hals und den Oberkörper verbergen, sich im Halbdunkeln aufhalten, zur Kühlung das Fenster öffnen oder die Klimaanlage einschalten, das Gesicht kalt abwaschen.
- Bei Angst vor sichtbarem Schwitzen sind folgende Strategien beliebt: ein Unterhemd mit hoher Saugkraft oder dicke, dunkle Jacken zur Tarnung von Schweißflecken tragen, leichte, luftige Kleidung bevorzugen, häufige Kleiderwechsel vornehmen, warme Räume lüften oder kurzfristig verlassen, ein Deo gegen unangenehmen Körpergeruch benutzen.
- Bei Angst vor subjektivem Händezittern versuchen die Betroffenen Folgendes: das Glas fest mit beiden Händen zu halten, um keine auffälligen Handbewegungen zu machen, die Hand oder gar den Körper anzuspannen, um das Zittern dadurch vermeintlich »in den Griff zu bekommen«.

Überspielungsstrategien beziehen sich auf alle Bemühungen, Unsicherheit zu überdecken, z. B. durch:

- viel reden, um die innere Unsicherheit zu überspielen,
- bewusst laut sprechen oder sogar distanzlos werden, um den Eindruck der Schüchternheit zu vermeiden,
- besonders lustig sein, um nicht gehemmt zu wirken,
- interessante Erzählungen oder Witze einbringen, um nicht als langweilig zu gelten,
- sich ständig durch besonderes Outfit (Make-up, Frisur, Kleidung) hervortun zu müssen, um das Gefühl mangelnder Attraktivität zu überspielen,

- mit bestimmten Dingen prahlen (tolles Auto, hohes Einkommen, besondere Erfahrungen), um das Gefühl der Unterlegenheit zu kaschieren.

Erklärungsversuche umfassen Ausreden und kleine Lügen, die sichtbar gewordene Symptome oder auffälliges Verhalten in einem anderen Licht erscheinen lassen sollen. Typische Strategien sind etwa:
- Schwitzen oder Erröten auf Hitze oder Alkoholeinwirkung zurückführen,
- Zittern durch körperliches Unwohlsein erklären,
- Nicht-Essen mit Appetitmangel rechtfertigen,
- Absagen mit mangelndem Interesse begründen,
- frühzeitiges Weggehen mit einer »Notlüge« entschuldigen.

Langfristig verstärkt Sicherheitsverhalten die sozialen Ängste und hat schwerwiegende Folgen: Mangels positiver Erfahrungen sinkt das Selbstbewusstsein weiter und die soziale Kompetenz verringert sich. Die rigide Selbstkontrolle verhindert jede Spontaneität, wodurch die Betroffenen erst recht auffallen, weil sie distanziert oder geistig abwesend wirken. Durch bewusste Versuche, bestimmte Symptome zu unterdrücken, wird die körperliche Anspannung verstärkt und das Unbehagen in sozialen Situationen noch vergrößert.

Vermeidung, Unterdrückung und Verleugnung verhindern ein Lernen durch Versuch und Irrtum. Wir schwächen unser Selbstbewusstsein und laufen Gefahr, mit der Zeit depressiv zu werden, weil wir keine positiven Rückmeldungen bekommen können. Wir haben immer das Gefühl, etwas vermeiden oder überspielen zu müssen, um nicht kritisiert und abgelehnt zu werden, und machen niemals die Erfahrung, dass andere uns sympathisch und liebenswert finden.

Negative Denkmuster und falsche Überzeugungen

Menschen mit einer Phobie reagieren nicht auf die Realität, sondern auf ihre spezielle Wahrnehmung der Realität, das heißt auf ihre inneren Vorstellungen von der jeweiligen Situation. Sie stellen Beziehungen zwischen Situationen, Objekten und Personen her, die es so gar nicht gibt. So fürchten sich Hundephobiker auch dann vor Hunden, wenn diese angekettet sind und einen Maulkorb tragen, denn sie stellen sich in dramatischen Bildern vor, wie es dem Hund trotzdem gelingt zu beißen: Die

Kette reißt, und beim Sprung löst sich der Maulkorb von der Schnauze. Eine Spinne an der Wand ist für Spinnenphobiker deshalb ein Problem, weil sie unwillkürlich das Bild im Kopf haben, wie dieses Ekel erregende Tier mit der Kleidung und der Haut in Berührung kommt. Flugphobiker sehen sich abstürzen, obwohl sie wissen, dass das Flugzeug das sicherste Verkehrsmittel ist.

Ähnlich nehmen Sozialphobiker ihre Umwelt als gefährlich wahr: Andere Menschen sind aufgrund der eigenen Fantasien und angstgesteuerten Denkmuster bedrohlich und nicht, weil sie sich tatsächlich ablehnend verhalten. In Gesprächssituationen sind soziale Ängste umso größer, je negativer die eigene Person und je positiver der Gesprächspartner bewertet wird. Wenn man sich selbst als mangelhaft und unzulänglich abwertet und gleichzeitig den anderen als attraktiv, intelligent und sozial kompetent idealisiert, entsteht ein Angst machendes Unterlegenheitsgefühl, das die Tendenz zur Vermeidung von weiteren Sozialkontakten verstärkt.

Soziale Ängste werden ganz zentral durch die Art der Gedanken verursacht, denn diese wirken sich auf die Gefühle und das Verhalten aus und bestimmen, wie die soziale Umwelt wahrgenommen wird. Bei Menschen mit normalen und krankhaften sozialen Ängsten findet man drei Arten von falschen Denkmustern:

1. *Negative Überzeugungen über sich selbst und die soziale Umwelt.*
   Es besteht ein sehr negatives Selbstbild, das die Grundlage vieler sozialer Ängste darstellt: »Ich bin seltsam, minderwertig, unterlegen, uninteressant, unattraktiv, hässlich, nicht liebenswert, langweilig, ungeschickt, unfähig, dumm, völlig anders als alle anderen, mache alles falsch.« Das Selbstwertgefühl ist oft derart gering, dass die Betroffenen davon überzeugt sind, gar keine soziale Anerkennung zu verdienen. Sozial ängstliche Menschen sind sich selbst die schärfsten Kritiker und fürchten letztlich jenes Urteil am meisten, das sie innerlich über sich selbst längst gefällt haben. Hierin besteht die Falle: Aufgrund ihrer übertriebenen Selbstkritik suchen die Betroffenen verzweifelt nach einem positiven Feedback seitens der Umwelt und machen sich dadurch völlig abhängig von den Rückmeldungen der anderen.
   Zu dem negativen Selbstbild kommt dann noch eine falsche Sicht auf die anderen Personen hinzu: Die anderen werden als kritisch, ablehnend, demütigend, überlegen, intelligent, kompetent wahrgenommen und warten nach Meinung der Betroffenen nur darauf, dass sie ein Zeichen von Schwäche zeigen, um dann gnadenlos zuzuschlagen.

Sozial ängstliche Menschen glauben oft, dass alles besser wäre, wenn sie selbst intelligenter, attraktiver oder sympathischer wären. Sie übersehen dabei, dass andere Menschen durchaus ähnlich wie sie selbst sind und dennoch keinerlei Kontaktprobleme haben, weil sie anders mit ihren Eigenarten umgehen.

2. *Falsche Wenn-dann-Annahmen (konditionale Überzeugungen).*
Als Folge des falschen Bildes von sich selbst und anderen entstehen pessimistische Annahmen und Befürchtungen: »Wenn ich erröte (zittere, schwitze, stottere), falle ich als nervlich angeschlagen oder schwach auf«, »Wenn ich meine Meinung sage, werde ich kritisiert und abgelehnt«, »Wenn ich meinen Standpunkt vertrete, werde ich nicht mehr geliebt«, »Wenn ich nicht alles richtig mache, werde ich nicht akzeptiert«, »Wenn andere meine Angst erkennen, werden sie mich für schwach halten«, »Wer mich näher kennt, wird mich nicht mehr mögen«, »Wenn ich nichts sage, gelte ich als schüchtern oder langweilig«, »Wenn ein Gespräch nicht gelingt, liegt das nur an mir.« Die Betroffenen schreiben sich selbst vorschnell alle Schuld zu, weil sie sich für die optimale Gestaltung sozialer Situationen verantwortlich fühlen. Sie werden gehemmt, ziehen sich zurück und verhalten sich im Sinne einer sich selbsterfüllenden Prophezeiung so, dass mit erhöhter Wahrscheinlichkeit das eintritt, was sie gefürchtet haben: Sie fallen unangenehm auf und werden tatsächlich weniger gemocht, sodass sie sich in ihrer Unfähigkeit bestätigt fühlen.

3. *Extrem hohe Standards und Regeln für das soziale Auftreten und Zusammenleben (perfektionistische Leistungsansprüche).*
Überhöhte, völlig unrealistische Anforderungen an sich selbst sollen die gefürchtete negative Beurteilung anderer abwenden: Wäre man vollkommen, müsste man nicht mit Kritik rechnen. Die perfektionistische Haltung, sich unerreichbare Ziele zu setzen, zeigt sich z. B. in Denkmustern wie: »Ich muss immer stark sein«, »Ich darf keine Schwäche zeigen«, »Ich darf keinen Fehler machen«, »Versagen ist Schwäche«, »Gefühle zeigen bedeutet, keine Kontrolle über sich zu haben«, »Ich darf nicht nervös sein«, »Ich muss die Beste sein«, »Ich verhalte mich unakzeptabel«, »Ich muss immer etwas Interessantes sagen oder tun«, »Ich muss einen guten Eindruck machen«, »Ich muss immer den Erwartungen der anderen entsprechen«, »Alle müssen mich mögen«, »Ich darf keine Angst haben, um gut funktionieren zu können.« Viele dieser Gedanken laufen automatisch ab und werden von den Betroffenen oft gar nicht wahrgenommen. Durch Bewusst-Machen kann man diese Gedanken jedoch ändern.

Aufgrund ihrer negativen Denkmuster überschätzen sozial ängstliche Menschen die Wahrscheinlichkeit negativer sozialer Erfahrungen. Sie interpretieren alle möglichen sozialen Situationen als potenziell bedrohlich und entwickeln eine ständige Selbstbeobachtung sowie ein ausgeprägtes Sicherheitsverhalten. Ihre Wahrnehmung ist selektiv: Positive Reaktionen ihrer Mitmenschen übersehen sie und vermeintlich kritische Reaktionen registrieren sie übersensibel. Sie neigen zu einem *Bestätigungsverhalten:* Was ihre Überzeugungen und Annahmen (»Mich mag ohnehin kein Mensch«) bestätigt, wird eher wahrgenommen als das, was ihren Überzeugungen und Einstellungen widerspricht. Selbst positive Erfahrungen von Zuwendung werden negativ umgedeutet (»Die anderen sind nur nett zu mir, weil sie mich gerade für einen bestimmten Zweck brauchen«).

Menschen mit sozialen Ängsten sind aufgrund ihrer vernichtenden Selbstkritik ständig vom positiven Feedback der sozialen Umwelt abhängig, und zwar von der Anerkennung *aller* Anwesenden. Wenn bei einem Treffen mit sieben unbekannten Personen nur zu fünf von ihnen ein guter Kontakt entsteht, reicht ihnen dies nicht aus, und sie sind verunsichert, warum sich die beiden anderen Personen so reserviert verhalten.

Bereits das Ausbleiben von positiven Rückmeldungen wird als Anzeichen von Kritik und Ablehnung interpretiert. Bei Referaten und Vorträgen, die zwangsläufig erst einmal einen Monolog ohne Feedbackmöglichkeiten darstellen, besteht daher oft eine größere Unsicherheit als in Gruppengesprächen, wo man mit einer sofortigen Reaktion der anderen rechnen kann.

Sozial ängstliche Menschen schätzen sich selbst in Leistungs- und Präsentationssituationen viel schlechter ein, als unabhängige Beobachter dies tun. Andere Personen können sie dagegen durchaus angemessen beurteilen. Die Betroffenen sehen soziale Kontakte grundsätzlich als eine belastende Wettbewerbssituation an und nicht als eine Chance für ein angenehmes Zusammensein mit anderen Menschen. Sie denken ausschließlich in den Dimensionen besser/schlechter oder überlegen/unterlegen, vergleichen sich ständig mit anderen Menschen und haben dabei den Eindruck, in jeder Hinsicht schlechter abzuschneiden, was den sozialen Ängsten immer wieder neue Nahrung gibt. Da sie ihre Fähigkeit, in sozialen Beziehungen erfolgreich zu sein, bezweifeln, unternehmen sie oft gar keinen Versuch, sich in Einzel- und Gruppengesprächen einzubringen.

Ein besonders folgenschwerer Denkfehler sozial ängstlicher Menschen lautet: »Mein Selbstbild entspricht dem Fremdbild; wie ich mich fühle und verhalte, so bin ich auch aus der Sicht der anderen Menschen.«

Die Betroffenen sind also davon überzeugt, dass die anderen sie so erleben und beurteilen, wie sie dies selbst tun. So befürchten sie z. B., harmlose Symptome wie Erröten, Schwitzen und Zittern könnten in den Augen der anderen als Ausdruck einer schweren psychischen Störung gewertet werden. Und wenn sie sich ängstlich fühlen, bedeutet dies für sie, dass sie auch ängstlich aussehen und damit für andere als psychisch auffällig gelten.

Betroffene überschätzen jedoch sowohl die Wahrscheinlichkeit, dass körperliche Angstsymptome auftreten, als auch das Ausmaß ihrer Sichtbarkeit. Sie gehen davon aus, dass an ihrem Körper alles abzulesen ist, was sie innerlich spüren, und können sich gar nicht vorstellen, dass z. B. eine gewisse Nervosität äußerlich gar nicht so sichtbar ist, wie sie innerlich erlebt wird. Sozial ängstliche Menschen schließen aus dem hohen Grad ihrer innerlichen Erregung, dass diese äußerlich sichtbar sein muss. Der falsche Gedankengang, der *emotionale Beweisführung* genannt wird, lautet: »Weil ich körperliche Angstsymptome spüre, muss ich ängstlich sein, und weil ich mich so erlebe, werde ich von den anderen auch so wahrgenommen.« Da die Betroffenen ihre Aufmerksamkeit völlig auf sich selbst richten und von ihren negativen Gefühlen ganz überflutet werden, sind sie unfähig, eine realistische Außenperspektive einzunehmen. Sie unterstellen den anderen ein ganz bestimmtes – meist negatives – Bild von ihrer Person und reagieren dann entsprechend darauf. Weil sie sich abgelehnt fühlen, verhalten sie sich, als wäre dies tatsächlich so, und übersehen jegliche Hinweise von Wohlwollen und Anerkennung.

Ein weiterer fundamentaler Denkfehler verstärkt die sozialen Ängste: Die Betroffenen glauben, dass andere Menschen dem Bild entsprechen, das sie sich über sie machen. Informationen über die soziale Umwelt gewinnen sie nicht durch die Beobachtung der realen Vorgänge um sich herum, sondern sie verlassen sich ausschließlich auf ihre inneren Eindrücke. Weil sie zu spüren glauben, dass die anderen sie nicht mögen, muss dies auch so sein. Die Betroffenen sind davon überzeugt, dass ihre lebhaften Vorstellungen, wie sie auf andere wirken, der Realität entsprechen, obwohl es sich letztlich nur um katastrophenartige Visualisierungen ihrer Ängste handelt. Sie entsprechen keineswegs der Realität, sondern sind durch das negative Selbstbild und die subjektiv sehr belastenden körperlichen Symptome stark verzerrt.

Sozial ängstliche Menschen sind vor allem auch davon überzeugt, dass sie von den anderen abgelehnt würden, wenn sie sich so zeigten, wie sie tatsächlich sind. Daher verstellen sie sich und setzen ein Sicherheitsverhalten ein. Sie verbergen ihr wahres Selbst, weil sie glauben, nicht okay zu sein. Durch den Verzicht auf Echtheit vergeben sie jedoch die Chance einer persönlichen Begegnung mit anderen. Sie gehen davon aus, dass alles anders wäre, wenn sie anders wären: intelligenter, attraktiver, sympathischer, hübscher, lustiger, dünner .... Weil dies jedoch nicht so ist, meinen sie, keine Möglichkeit zu haben, befriedigende Sozialkontakte zu entwickeln. Sie können sich nicht vorstellen, dass andere Menschen mit den von ihnen beklagten Defiziten kompetent umgehen wissen, geschweige denn, dass sie sie liebenswert finden könnten. Sie legen an sich selbst höhere Maßstäbe an als an andere. Sie messen gleichsam mit zweierlei Maß: Sie fordern von sich selbst mehr, als sie jemals von einem anderen erwarten würden, und erlauben anderen Menschen Fehler, die sie sich selbst niemals zugestehen könnten.

Ein weiteres Problem ist, dass Menschen mit sozialen Ängsten und Phobien falsche Ursachenzuschreibungen für Erfolg und Misserfolg vornehmen, die ihr Selbstvertrauen noch mehr untergraben. Misserfolge schreiben sie ihrer eigenen Unfähigkeit zu, Erfolge dagegen glücklichen Umständen oder wohlwollenden Mitmenschen – niemals ihren eigenen Kenntnissen und Fähigkeiten. Selbst wenn sie mehrere Erfolgserlebnisse hintereinander verbuchen können, wirken diese nicht aufbauend, da sie einfach nicht zu ihrem negativen Selbstkonzept passen. Wenn ein Erfolg einmal gar nicht verleugnet werden kann, übt dies auf die Betroffenen großen Druck aus, weiter erfolgreich zu sein, um die anderen nicht zu enttäuschen.

Sozial ängstliche Personen leiden oft an der großen Kluft zwischen ihren Zielen und ihren Überzeugungen: Sie möchten gern auf andere einen guten Eindruck machen, sind aber gleichzeitig davon überzeugt, dazu nicht in der Lage zu sein. Sie stellen an sich selbst höchste Anforderungen, um sozial zu genügen, halten dies aber aufgrund ihres geringen Selbstwerts für unmöglich. Die Ansprüche und der Glaube an sich selbst klaffen weit auseinander, wobei das negative Selbstbild sowie der Perfektionismus den Stress in sozialen Situationen noch erhöhen, sodass ein entspanntes Verhalten gar nicht mehr möglich ist.

Menschen mit sozialen Ängsten befinden sich in einer paradoxen Situation: Sie fühlen sich ständig im Mittelpunkt der Aufmerksamkeit und haben gleichzeitig Angst, wegen ihrer Schwächen für andere nicht interessant genug zu sein. Sie möchten sich einerseits anpassen, um voll und ganz akzeptiert zu werden, und andererseits nach ihren individuellen Vorlieben handeln. Die Betroffenen leben in der ständigen Spannung zwischen dem großen Wunsch nach positiven Sozialkontakten und der gleichzeitigen Befürchtung, dass jede Interaktion negativ ausgeht. Sie geben sich innerlich eine Doppelbotschaft: »Suche Kontakt, aber sei auf der Hut und schütze dich.« Sie können mit dem Restrisiko, durch die Reaktionen anderer Menschen verletzt zu werden, nicht umgehen. Im Zweifelsfall schauen sie nicht auf das, was sie gewinnen könnten, wie etwa neue Freundschaften, sondern auf das, was sie verlieren könnten, nämlich den letzten Rest von sozialer Akzeptanz.

Jeder Mensch steht in Leistungssituationen – und das gilt auch für das Knüpfen neuer Sozialkontakte – grundsätzlich vor zwei Möglichkeiten: *Hoffnung auf Erfolg* oder *Furcht vor Misserfolg*. Sozial mutige Menschen tun in zwischenmenschlichen Begegnungen alles, um etwas zu *erreichen:* ihre Ziele oder die Befriedigung ihrer Bedürfnisse. Sozial ängstliche Menschen dagegen tun aus Angst vor Kritik und Ablehnung alles, um etwas zu *vermeiden:* das immer gegebene Restrisiko einer seelischen Verletzung. Aus diesem Grund verhalten sie sich vorsichtig und defensiv, wodurch genau das passiert, was sie gefürchtet haben: soziale Ablehnung. Diese ist die Antwort darauf, dass von ihnen selbst gar kein echtes Beziehungsangebot ausgegangen ist, gemäß dem Motto: »Die anderen werden mich nicht mögen, daher trete ich erst gar nicht mit ihnen in Kontakt.« Während sich sozial optimistische Menschen darauf konzentrieren, erfolgreich Sozialkontakte zu knüpfen, und daher aktiv auf andere zugehen, fixieren sich sozial ängstliche Menschen auf die Minimierung des Restrisikos von sozialem Misserfolg und vermeiden nach Möglichkeit soziale Situationen, deren negativer Ausgang ihnen gewiss erscheint.

Zusammenfassend gesehen findet man bei Personen mit sozialen Angststörungen folgende *Denkfehler und kognitive Verzerrungen:*

- Überhöhte Standards (sollen, müssen): »Ich muss die Beste sein.«
- Alles-oder-nichts-Denken (Schwarz-Weiß-Denken, polarisiertes Denken): »Entweder ich komme gut an oder ich werde abgelehnt.«
- Personalisieren (Ereignisse persönlich nehmen und auf sich selbst beziehen): »Weil einige Zuhörer einnicken, ist mein Vortrag ermüdend.«
- Hohe Verantwortungs- und Schuldbereitschaft (Fehler bei sich selbst suchen): »Wenn die Kommunikation nicht klappt, bin ich allein schuld daran.«
- Gedankenlesen (anderen Menschen bestimmte Gedanken unterstellen): »Die Blicke der anderen zeigen mir, dass sie mich ablehnen.«
- Vorhersage der Zukunft, »Wahrsagerei« (negative Erwartungen mit subjektiver Gewissheit): »Das schaffe ich bestimmt nicht.«
- Katastrophisieren (den schlimmstmöglichen Ausgang annehmen): »Ich werde am Ende scheitern und von allen verachtet werden.«

- Emotionale Beweisführung (Gefühle mit der Wirklichkeit gleichsetzen): »Weil ich mich innerlich unsicher fühle, wirke ich auch nach außen unsicher.«
- Verallgemeinerung (falsche Schlussfolgerung von Einzelaspekten auf das Ganze): »Weil ich keine Freundin finde, bin ich nicht liebenswert.«
- Etikettierung oder Abstempeln (»Schubladen-Denken«): »Ich bin schwach, unfähig, unattraktiv.«
- Wunschdenken (bei anderen Umständen wäre alles besser): »Wenn ich attraktiver und intelligenter wäre, hätte ich schon einen Partner.«
- Abwertung des Positiven (das Gute übersehen): »Der Erfolg war nur Glück, nicht meine Leistung.«
- Konzentration auf das Negative (Fehler und Schwächen überbetonen): »Das habe ich nicht gut genug gemacht.«
- Selektive Informationsverarbeitung (nur angstbestätigende Informationen werden berücksichtigt): »Schon wieder hat mich jemand wegen meiner Aussprache kritisiert.«

Studien haben gezeigt: Die Änderung negativer Erwartungen in Bezug auf soziale Kontakte ist eine der besten Voraussetzungen für den Therapieerfolg. Dies bedeutet, dass sich Ihr Verhalten im Umgang mit anderen umso eher ändert, je mehr Sie Ihre überzogenen Befürchtungen zugunsten einer realistischeren Sichtweise korrigieren können. Anders formuliert: Je besser Sie den Teufelskreis sich selbst erfüllender Prophezeiungen durchbrechen können, desto schneller wird sich Ihr soziales Verhalten zum Positiven hin ändern. Und die positiven Erfahrungen, die Sie dann mit anderen Menschen machen können, führen wiederum zur Verstärkung Ihrer positiven Erwartungen.

Soziale Ängste sind letztlich nichts anderes als *Beurteilungsängste*. Doch wer setzt den Beurteilungsmaßstab? Bedenken Sie: Wer Normen und Standards festlegt, hat die Beurteilungskompetenz an sich gerissen. Je mehr Sie den anderen Menschen das Urteil über Ihre Person überlassen, desto größer wird Ihre Angst, nicht gut genug zu sein. Je negativer Sie Ihre eigene Person beurteilen, desto mehr werden Sie die Kritik der anderen fürchten. Sind Sie sehr abhängig von positiven Rückmeldungen zur Stärkung Ihres Selbstwertgefühls? Dann sind Sie Ihren Mitmenschen vollständig ausgeliefert. Ein böser Blick oder ein kritisches Wort genügt und Sie fühlen sich in Ihrer Unfähigkeit bestätigt. Sich aus dieser Abhängigkeit zu lösen, ist nicht leicht, aber es ist möglich. Wir werden

Ihnen Hilfestellungen anbieten, wie Ihnen dies Schritt für Schritt gelingen kann.

Unsicherheit, Scham und andere quälende Gefühle

Soziale Ängste hängen oft mit anderen negativen Gefühlen zusammen. Emotionen wie Unsicherheit, Aufgeregtheit, Nervosität, Verlegenheit, Peinlichkeit, Scham, Minderwertigkeitsgefühle, Enttäuschung, Deprimiertheit, Verbitterung, Hilflosigkeit, Unlust, Einsamkeit, Wut und Ärger machen das Zusammensein mit vertrauten und unvertrauten Menschen zur Qual.

Die Katastrophenfilme im Kopf sind so lebhaft, dass sie auch durch konkrete positive Erfahrungen nicht relativiert werden können. Unsicherheit ist das alles beherrschende Gefühl von Menschen, die mit bevorstehenden sozialen Situationen und Ereignissen nicht umgehen können. Daraus resultieren zwei zentrale Emotionen: *Angst* als diffuses Gefühl unbestimmter Bedrohung in der Zukunft und *Furcht* als Gefühl unmittelbarer, konkreter Bedrohung in der Gegenwart. Furcht ist demnach eine auf spezifische Situationen bezogene Angst, eine auf den Moment, das Hier und Jetzt gerichtete Angst. Unbestimmte Angst im Sinne einer allgemeinen Befürchtung, dass irgendwann in der Zukunft irgendetwas Schlimmes passieren könnte, führt zu einem ständigen Grübeln, was denn alles passieren könnte, sowie zu unangenehmer körperlicher Verspannung, ohne dass es zu einer sichtbaren Reaktion kommt. Intensive Furcht vor einer konkreten Bedrohung bewirkt eine körperliche Alarmierung mit sofortigem Flucht- und Vermeidungsverhalten. Der Begriff der Furcht bezeichnet die spezifische Sozialphobie sehr zutreffend, während er für die meisten generalisierten sozialen Ängste unpassend ist. Um die Symptomatik einer generalisierten Sozialphobie zu beschreiben, ist der Begriff Angst angebracht, weshalb man auch zunehmend von einer sozialen Angststörung spricht.

Neben Furcht und Angst werden Menschen mit sozialen Ängsten sehr stark von den Gefühlen Scham, Peinlichkeit und Verlegenheit bestimmt. Das Gefühl der *Scham* bedeutet, dass das Gefürchtete bereits eingetreten ist, dass die Furcht gleichsam zur Gewissheit geworden ist. Scham ist eine Emotion, die auf der Überzeugung beruht, sich in einer bestimmten Situation blamabel oder lächerlich verhalten zu haben. Es ist ein Gefühl, das sozial ängstliche Menschen befällt, wenn sie glauben, durch inadäquate Verhaltensweisen und an sich harmlose Körpersymptome unangenehm aufzufallen. Scham bewirkt ein Gefühl der Unterlegenheit. Man erlebt sein eigenes Verhalten als demütigend und möchte am liebsten im Erdboden versinken. Während Angst verschwindet, wenn die gefürchtete Situation vorüber ist, bleibt das Gefühl der Scham weiterhin bestehen: als Erinnerung an ein vermeintliches Fehlverhalten oder eine subjektive Niederlage in aller Öffentlichkeit.

Das Gefühl von *Peinlichkeit* ist weniger schlimm als Scham, weil es die Folge eines Überraschungseffekts ist, ohne dass deswegen etwas Erniedrigendes passiert sein muss. Es kann z. B. peinlich sein, wenn man sich bei bestimmten Verhaltensweisen wie Singen oder Sich-Umziehen allein glaubt und dann auf einmal feststellt, dass man schon längere Zeit beobachtet wurde. Peinlich sind auch kleine Ungeschicklichkeiten, ein »Fauxpas« und/oder Etikette-Fehler, z. B. wenn etwa jemand auf einer Party ein Weinglas umwirft und einen Fleck auf die Tischdecke macht, oder wenn ein Mann plötzlich entdeckt, dass der Reißverschluss seiner Hose geöffnet ist. Peinlichkeit und Scham als mehr oder weniger belastende emotionale Reaktionen auf ein bereits eingetretenes Missgeschick veranlassen den Menschen oft zur Flucht bzw. zum Rückzug aus einer subjektiv erniedrigenden Situation. Stattdessen wäre es sinnvoller, durchzuhalten und Humor zu zeigen, weil die Betroffenen dann erleben könnten, dass ihnen andere Menschen trotz oder gerade wegen ihres kleinen Missgeschicks auch weiterhin mit Sympathie und Hilfsbereitschaft begegnen.

Schüchternheit geht gewöhnlich mit einem Gefühl der *Verlegenheit* einher. Erhöhte Selbstbeobachtung in Anwesenheit anderer Personen verstärkt das Unwohlsein. Verlegenheit führt zu einer sichtbaren allgemeinen »Nervosität«, und zwar im Sinne einer körperlichen Anspannung und Unruhe, häufig auch zu einem Erröten des Gesichts, was wiederum ein Gefühl des »Gesichtsverlusts« und der peinlichen Betroffenheit auslöst.

Alle Emotionen wie Verlegenheit, Beklemmung und Minderwertigkeitsgefühle, die mit Scham zusammenhängen, verstärken und verschlimmern soziale Ängste. Während wir bei Angst und Furcht noch die Hoffnung haben können, einer sozialen Demütigung zu entkommen, wird bei Scham, die sich analog einer Panikattacke bis zu einer *Schamattacke* steigern kann, das soziale Versagen ganz aktuell erlebt. Das Schamgefühl kann so destruktiv sein, dass vorübergehend sogar das ganze Leben wertlos erscheint und Selbstmordgedanken auftreten können. Permanente soziale Ängste mit Misserfolgserlebnissen machen richtiggehend depressiv.

Wie bereits deutlich wurde, neigen sozial ängstliche Menschen dazu, in sozialen Situationen erhöhte Verantwortung zu übernehmen und alle Probleme sich selbst zuzuschreiben, sodass häufig sehr belastende *Schuldgefühle* auftreten, die erst recht ständige Versagens- und Unterlegenheitsgefühle bewirken.

Menschen mit sozialen Ängsten sind oft auch innerlich voller *Aggressionen* – als Reaktion auf ihre Frustration. Sie ärgern sich über ihre Unfähigkeit, ihre Wünsche offen auszudrücken und ihre Ziele zu erreichen. Sie sind voll Wut auf andere Menschen, die dies besser schaffen, und hassen manchmal regelrecht jene Menschen, die sie für ihre Eigenart verantwortlich machen: ihre demotivierenden Eltern, ihren nörgelnden Partner, ihre ständig kritisierenden Lehrer und Vorgesetzten, ihre tratschenden Bekannten und Verwandten, ihre mobbenden Arbeitskollegen. Aus Angst, von ihren Mitmenschen dann erst recht abgelehnt zu werden, halten sie ihren Zorn jedoch zurück.

Fazit: Menschen mit sozialen Ängsten möchten im Umgang mit anderen Menschen alle möglichen negativen Gefühle vermeiden. Sie sind damit so sehr beschäftigt, dass ihnen angenehme Gefühle und Empfindungen nichts bedeuten, wenn sie nicht zuvor ihre negativen Emotionen losgeworden sind. Wir schlagen Ihnen dagegen ein anderes Vorgehen vor: Lassen Sie Ihre Angst und Furcht zu und besinnen Sie sich auf andere Triebfedern Ihres Handelns, und zwar auf Ihren Ehrgeiz, etwas ganz Bestimmtes erreichen zu wollen, und auf Ihre Neugierde, etwas Unbekanntes erleben zu wollen.

Fehlende soziale Kompetenz

Viele sozial ängstliche Menschen zeigen unterschiedliche Verhaltensweisen, deren Gemeinsamkeit darin besteht, dass sie in Sozialkontakten unpassend sind. So entschuldigen sie sich z. B. ständig, sind übertrieben höflich, schweigen zu oft, reden zu viel oder zu wenig über sich und eher über andere als mit anderen, sprechen monoton, ohne Blickkontakt und ohne Mimik, passen sich an andere Menschen an, ohne eigene Wünsche zu formulieren, weil sie um jeden Preis beliebt sein möchten, vermeiden Konflikte aus Angst vor Spannung und Streit, können manchmal aber auch mit aggressiven Durchbrüchen reagieren.

Soziale Fähigkeiten, Selbstbehauptung, Durchsetzungsfähigkeit und Selbstsicherheit werden heute unter dem Überbegriff *soziale Kompetenz* zusammengefasst. Allgemein gesehen ist soziale Kompetenz die Fähigkeit, soziale Situationen angemessen einzuschätzen und das eigene Verhalten in diesen Situationen so steuern zu können, dass unter Berücksichtigung der jeweiligen sozialen Normen und der Bedürfnisse anderer die eigenen Ziele erreicht werden. Ganz konkret umfasst der Bereich der sozialen Kompetenz vor allem folgende Fähigkeiten:

* berechtigte Wünsche äußern und Forderungen stellen können,
* unbillige Forderungen oder Bitten anderer abschlagen und Nein sagen können,
* Kritik äußern und ertragen können,
* öffentliche Beachtung aushalten können,
* Gespräche beginnen, fortführen und beenden können,
* erwünschte Kontakte arrangieren können,
* auf Kontaktangebote reagieren können,
* unerwünschte Kontakte beenden können,
* positive und negative Gefühle offen ausdrücken können,
* um Hilfe oder um einen Gefallen bitten können,
* Komplimente geben und annehmen können,
* Schwächen eingestehen und sich entschuldigen können,
* kooperieren und Konflikte lösen können.

In welcher Beziehung stehen nun soziale Ängste und geringe soziale Fähigkeiten? Was ist die Ursache, was die Folge? Mangelnde soziale Kompetenz ist meist nicht die Ursache sozialer Ängste, kann diese jedoch erheblich verstärken. Soziale Ängste und Phobien können durchaus die Folge mangelnder sozialer Fähigkeiten im Umgang mit anderen Menschen sein. Dies trifft vor allem auf zahlreiche Patienten mit einer generalisierten Sozialphobie zu, insbesondere auf Personen, bei denen die Störung in einem sehr frühen Lebensalter begonnen hat. Andererseits können soziale Ängste, wie etwa Angst vor Liebesverlust, auch die Ursache dafür sein, dass die Betroffenen ihre an sich vorhandene soziale Kompetenz nicht einsetzen.

Menschen mit sozialen Ängsten wurden früher oft vorschnell soziale Defizite unterstellt und entsprechende Trainingsmaßnahmen angeboten. Heute weiß man: Die meisten Sozialphobiker haben ausreichend soziale Kompetenz. Sie haben jedoch entweder kein Vertrauen in ihre sozialen Fähigkeiten oder sie setzen sie nicht im nötigen Ausmaß ein. Der Grund dafür ist neben einer stressbedingten Blockierung der vorhandenen Fähigkeiten oft die Angst vor Kritik und Konflikten im Falle einer erfolgreichen Selbstbehauptung. Es handelt sich dabei um ein Sicherheitsverhalten mit dem Ziel, scheinbar drohendes Abgelehnt-Werden oder

Peinlichkeit zu vermeiden oder zu vermindern. Eine typische Antwort einer sozialängstlichen Frau, die durchaus über soziale Kompetenz verfügt, lautet: »Ich könnte mich zwar durchsetzen, aber dann ist mein Partner beleidigt. Und das halte ich nicht aus, weil ich immer geliebt werden möchte.«

Gehören Sie zu jenen Personen, die für die meisten sozialen Situationen die nötigen Voraussetzungen mitbringen, sie jedoch aufgrund ihrer Ängste oder wegen ihrer Rücksichtnahme auf andere nicht umsetzen können? Sind Ihnen die Bedürfnisse Ihrer Mitmenschen wichtiger als Ihre eigenen? Sind Sie gleichsam »süchtig« nach Harmonie? Dann ist es kein Wunder, wenn Sie Ihre an sich vorhandenen sozialen Fähigkeiten nicht einsetzen, um Streit und Konflikte zu vermeiden. Möchten Sie anderen Menschen keinerlei Probleme bereiten? Versprechen Sie zu viel, weil Sie nicht Nein sagen können und andere nicht enttäuschen möchten? Dann kann es Ihnen durchaus passieren, dass Sie andere irgendwann enttäuschen und verärgern, wenn Sie alle abgegebenen Versprechungen nicht erfüllen können oder wenn Sie unter der Last der selbst auferlegten Verpflichtungen zusammenbrechen.

Lebensgeschichtliche Faktoren:
die Macht prägender Umwelteinflüsse

Gehe deinen Weg
und lass die Leute reden.
DANTE ALIGHIERI

Soziale Ängste basieren zum Teil auf ganz bestimmten Lebenserfahrungen. Sie haben jedoch auch andere Ursachen, weil andere Menschen mit ähnlichen Schicksalen keine sozialen Ängste und Phobien entwickelt haben. Kinder aus derselben Familie können sich – je nach genetischen, persönlichkeitsspezifischen und sozialen Faktoren – sozial völlig unterschiedlich entwickeln.

Soziale Angststörungen sind schon von der Definition her Störungen in den zwischenmenschlichen Beziehungen. Die Frage ist daher berechtigt, ob es Unterschiede zwischen den Sozialisationsbedingungen von Sozialphobikern und denen anderer Personen gibt. Es ist zurzeit noch unklar, in welchem Ausmaß familiäre und außerfamiliäre Faktoren tatsächlich die Ursache und nicht etwa erst die Folge einer sozialen Phobie sind. Zugespitzt lautet die zentrale Frage: Sind negative soziale Erfahrungen die Ursache für die Ausprägung einer sozialen Phobie oder erst die Folge eines sozialphobischen Verhaltens der Betroffen? Die gegenwärtig wohl angemessenste Antwort lautet: Es bestehen Wechselwirkungen zwischen Person und sozialer Umwelt, aber keinesfalls einseitige Ursache-Wirkungs-Beziehungen. Schwierige Lebensumstände begünstigen zwar im Sinne eines Belastungsfaktors die spätere Ausprägung einer sozialen Phobie, sind aber nicht deren primäre Ursache. Niemand ist schuld an sozialen Ängsten, alle haben jedoch die Verantwortung, an einer Besserung mitzuwirken.

Fehlende Bindungssicherheit:
kein Urvertrauen ohne Geborgenheitserfahrung

In der Kindheit begünstigt das Fehlen einer engen Beziehung zu einem Erwachsenen die spätere Entwicklung einer sozialen Angststörung.

Wärme und Fürsorge sind wichtig für die soziale und emotionale Entwicklung des Kindes. Die Erfahrung, von klein auf geliebt und akzeptiert zu werden, begründet das Vertrauen zu sich selbst und zur sozialen Umwelt. Die Wertschätzung seitens anderer Menschen fördert die Entwicklung eines gesunden Selbstwertgefühls. Kinder mit sicheren Bindungen, das heißt mit Geborgenheitserfahrung, gehen viel leichter erfolgreich Kontakte mit Gleichaltrigen ein als Kinder, die keine oder nur eine ständig bedrohte Geborgenheit in der Familie erlebt haben. Kinder ohne sichere Bindungen haben oft von klein auf Schwierigkeiten, Vertrauen zu anderen Menschen zu entwickeln und soziale Kompetenz zu erlangen. Frühkindliche *Bindungsstörungen* können die Ursache für spätere soziale Beziehungsstörungen sein.

Geborgenheitsverlust durch die Trennung von Vater oder Mutter begünstigt das Risiko einer sozialen Angststörung erheblich. Spätere Verlassenheitsängste können durchaus die Reaktion auf ein früheres Verlassen- oder Im-Stich-Gelassen-Werden darstellen. Die übergroße Empfindlichkeit für soziale Kritik kommt daher, dass die Betroffenen aufgrund ihrer negativen Lebenserfahrungen immer gleich mit dem Schlimmsten rechnen, nämlich mit der existenziellen Bedrohung fundamental bedeutsamer sozialer Beziehungen. Trotz großer Sehnsucht nach Nähe und Geborgenheit ergreifen sozial ängstliche Personen nicht die Chance, engere Sozialkontakte einzugehen, weil ihre Angst vor neuerlicher Enttäuschung übermächtig ist. Nur durch eine gewisse Distanz können sie sich vor zu viel vermeintlich gefährlicher Nähe schützen und Kontrolle über die aktuellen Sozialkontakte ausüben.

Ungünstiger Erziehungsstil: kein Selbstwert ohne elterliche Anerkennung

Der *elterliche Erziehungsstil* kann die spätere Ausprägung sozialer Ängste fördern. Menschen mit einer sozialen Angststörung beschreiben ihre Eltern oft als kontrollierend, überbehütend, ablehnend und kritisch. Stark kontrollierende Väter und anhaltendes negatives Feedback beider Elternteile bewirken eine soziale Unsicherheit des Kindes und eine Anfälligkeit für jede Art von Kritik. Beschämung als Erziehungsmethode vermittelt das Gefühl, nicht okay zu sein, und begünstigt ein geringes Selbstbewusstsein. Ständiges Nörgeln der Eltern kann die Sensibilität für außerfamiliäre Kritik, etwa in der Schule oder unter Gleichaltrigen, stark erhöhen und eine ständige Selbstbeobachtung zur Folge haben.

In Psychotherapien berichten sozialphobische Erwachsene oft, wie sie bereits in Kindheit und Jugend einem überkritischen Vater nie gut genug sein konnten. Bei Menschen mit überhöhten Leistungsanforderungen lautete die elterliche Botschaft oft:»Du bist nur etwas wert, wenn du etwas leistest.« Mütterliche Überbehütung wirkt sich ebenfalls negativ aus. Soziale Lernmöglichkeiten durch Versuch-Irrtum-Lernen im Kreis der Gleichaltrigen werden durch eine – gut gemeinte – einschränkende Erziehung ausgeschlossen. Ängstlich-überbehütende Eltern verhindern die Entwicklung zu mehr Selbstständigkeit und Unabhängigkeit von anderen Menschen. Durch ein Bewahren vor den »bösen anderen Kindern« werden Jungen und Mädchen daran gehindert, mit sozialen Widerwärtigkeiten mutig umgehen zu lernen.

Von Natur aus sozial zurückgezogene Kinder können von den Eltern gefördert werden, z.B. durch Einladung von Mitschülerinnen und Unterstützung bei Konflikten mit Klassenkameraden. Sie können aber auch gehemmt werden, wenn etwa die Eltern ihr kindliches Wesen als unveränderlich ansehen, gleichsam nach dem Motto:»Unser Sohn ist halt so gehemmt wie sein Vater, der in seiner Jugendzeit auch ein Einzelgänger war.« Eltern, die selbst sozial gehemmt sind, können ihr ängstliches Kind in seiner sozialen Entwicklung kaum fördern, weil ihnen jede soziale Begegnung ebenfalls Stress bereitet.

Trotz der vielen möglichen Erziehungsfehler, die jeder Elternteil begehen kann, bleibt festzuhalten: Sofern Kinder von klein auf das Gefühl von emotionaler Geborgenheit und die Erfahrung von Wertschätzung als Person erlebt haben, ist die Gefahr gering, dass sich aus Erziehungsfehlern eine soziale Angststörung entwickelt. Anders formuliert: Die Verwundbarkeit gegenüber sozialer Kritik ist vermindert, wenn elterliche Kritik sich nur auf bestimmte Verhaltensweisen des Kindes und nicht gleich auf die ganze Person des Kindes richtet.

Ungünstige Vorbilder: keine soziale Kompetenz ohne positive Modelle

Eltern übertragen ihre Ängste auf die Kinder. Soziale Ängste können durch *Modelllernen* erworben werden: Die elterlichen Modelle werden für das eigene Leben übernommen. Viele Menschen mit sozialen Ängsten und Phobien haben Eltern, die ebenfalls unter einer sozialen Angststörung gelitten haben. Die Eltern von sozial ängstlichen Menschen leben oft sehr zurückgezogen oder gar isoliert und haben kaum Freunde und Bekannte, mit denen die Kinder Kontakt schließen könnten. Solche Kinder bekommen eine folgenschwere Botschaft mit auf den Lebensweg: »Die Welt draußen ist gefährlich. Man kann niemandem trauen. Nichts über sich mitzuteilen ist die beste Strategie, sich unangreifbar zu machen.«

Die spätere Ausformung sozialer Ängste wird auch gefördert durch die Übernahme starrer oder überfordernder Familienregeln, wie etwa: »Das gehört sich nicht«, »Das muss so und darf nicht anders gemacht werden«, »Nur wer etwas leistet, ist etwas wert«, »Reden ist Silber, Schweigen ist Gold«, »Nur nicht unangenehm auffallen«, »Fehler machen heißt, dass man sich nicht genug angestrengt hat.«

Die erlebte Sanktionierung jeder kleinen Abweichung von den Regeln fördert eine übergroße Orientierung an »richtig« oder »falsch«, »gut« oder »schlecht«, um ja nicht kritisiert oder gar abgelehnt zu werden. Je mehr die Eltern ein extrem normenorientiertes Verhalten an den Tag legen und sich möglichst konform der sozialen Umwelt gegenüber verhalten, desto stärker ist der bewusste und unbewusste Druck auf die Kinder, in ähnlicher Weise zu handeln, um soziale Anerkennung zu finden.

Soziale »Traumatisierungen«: keine Kontaktbereitschaft ohne Bewältigung negativer sozialer Erfahrungen

Bei vielen Menschen mit sozialen Ängsten und Phobien hat das Leiden mit einem *subjektiv traumatisierenden Ereignis* begonnen: Sie wurden kritisiert, ausgelacht, ausgeschlossen oder sie haben sich selbst in aller Öffentlichkeit peinlich verhalten. Jeder zweite Sozialphobiker berichtet von einem negativen Ereignis vor Beginn der sozialen Phobie. Dies trifft vor allem auf Menschen mit einer spezifischen Sozialphobie zu. In der Folge entwickeln sich Erwartungsängste: Es wird befürchtet, dass sich derartige Erfahrungen wiederholen, auch in einem anderen sozialen Umfeld. Das Vertrauen in die Mitmenschen, aber auch das Vertrauen in die eigenen sozialen Fähigkeiten ist geschwunden.

Traumatisierend sind vor allem folgende Erfahrungen: Verspottung wegen des Äußeren (Figur, Übergewicht, Hautfarbe, Behinderung, körperliche Entstellung nach einem Unfall), des Namens, der Sprache, der Herkunft oder der Religion, Abwertung durch Lehrer oder Eltern, Abfuhr bei Flirtversuchen, öffentliche Blamage durch ungeschicktes Verhalten, Bloßstellung aufgrund sichtbarer Symptome (Erröten, Schwitzen,

Zittern, Stottern, Atemnot), Außenseiterdasein wegen eines subjektiven oder objektiven Andersseins.

Erfahrungen wie diese haben aber auch andere Menschen im Laufe ihrer Kindheit und Jugend gemacht, ohne dass sie übertrieben ängstlich geworden wären. Zur Ausprägung einer sozialen Phobie sind daher noch weitere Faktoren erforderlich: zum einen eine Serie weiterer negativer Erfahrungen, vor allem Erlebnisse mit Gleichaltrigen (z. B. übergangen und ignoriert zu werden), die das erste Erlebnis in seiner Bedeutsamkeit verstärken, zum anderen eine persönlichkeitsspezifische Sensibilität, die einen Menschen in bestimmten Situationen ängstlich reagieren lässt. Viele Kinder und Jugendliche mit Schulängsten haben weniger Angst vor Lehrern oder Prüfungen, sondern vielmehr vor Mitschülern, die sie ständig hänseln, verspotten und ausgrenzen. Mobbing in der Schule (Fachausdruck *Bullying*) kann zur Ausprägung sozialer Ängste wesentlich beitragen. Negative Erfahrungen im Umgang mit anderen Kindern und Jugendlichen wirken sich auf die Entwicklung einer sozialen Angststörung umso stärker aus, je weniger sie durch hilfreiche Unterstützung im Elternhaus kompensiert werden können.

Manche Menschen mit einer sozialen Phobie leiden auch unter den Folgen von *extrem traumatisierenden Lebensereignissen* wie etwa sexuellem Missbrauch, Misshandlungen, alkoholkranken oder drogensüchtigen Eltern. Auch familiäre Probleme (Konflikte, Zerrüttung der elterlichen Beziehung, Scheidung) und der Verlust des Arbeitsplatzes eines Elternteils, häufiger Umzug oder Schulwechsel mit sozialer Entwurzelung können traumatisierend sein. Soziale Auffälligkeit wegen eines von der Norm abweichenden Familienmitglieds (alkoholabhängiger Vater, körperlich oder geistig behinderter Bruder) kann von klein auf eine erhöhte Sensibilität gegenüber kritischer Beobachtung fördern. Traumatisierungserfahrungen werden oft in sehr konkreten Vorstellungsbildern gespeichert und Jahre später in bestimmten Situationen immer wieder aktiviert.

Jede Form von *psychosozialem Stress in Schule, Beruf, Familie oder Partnerschaft* kann die Schwelle für die Auslösung sozialer Ängste herabsetzen. So führt eine chronisch angespannte Partner- oder Berufssituation häufig zu einer allgemeinen körperlichen Verspannung. Wenn dann durch situativen Stress (Referat, Präsentation, neuer Sozialkontakt) subjektiv sehr belastende Symptome wie Zittern oder Schwitzen auftreten, kann dies den Teufelskreis einer spezifischen Sozialphobie in Gang setzen.

Anforderungen im Lebenszyklus:
keine Fortschritte ohne laufende Veränderungen

Im Rahmen des *Lebenszyklus* (Kindheit, Jugend, jüngeres Erwachsenen-alter, höheres Erwachsenenalter) geht es um *phasentypische Anforderungen*, die an jeden von uns gestellt werden. Je weniger gut wir sie bewältigen und je mehr Stress wir dabei haben, desto eher können daraus soziale Ängste resultieren. Im Kindesalter müssen räumliche und soziale Veränderungen im Rahmen der Schulwahl bewältigt werden. Im Jugendalter geht es darüber hinaus verstärkt darum, außerfamiliäre Kontakte zu knüpfen, vor allem auch zum anderen Geschlecht, aber auch darum, unter den Gleichgeschlechtlichen seine Position zu finden. Die Art der schulischen und beruflichen Sozialisation im Jugendalter sowie im jungen Erwachsenenalter (etwa in der Studentenzeit) hat durch die prägenden Erfahrungen, die dabei gemacht wurden, großen Einfluss auf die soziale Kontaktfähigkeit. Im Erwachsenenalter müssen Frauen und Männer sich durch Heirat, Kindererziehung, Scheidung, berufliche und geografische Veränderungen, Übernahme von Leitungsfunktionen jeweils in neue Rollen einfinden. Dabei ist immer wieder die Fähigkeit zum Aufbau neuer sozialer Kontakte gefordert.

Die erhöhten sozialen Anforderungen an Jugendliche sind wohl einer der Hauptgründe dafür, warum soziale Angststörungen meist bereits im Jugendalter auftreten, also bereits früher als andere Angststörungen. Doch auch Krisen in der Lebensmitte und deprimierende Erfahrungen in der Phase des Alterns können spätere Auslöser für soziale Ängste sein.

Soziokulturelle Faktoren:
die Macht der Gesellschaft

Gesellschaftliche Faktoren, die die Rahmenbedingungen für das Leben des einzelnen Menschen darstellen, können ebenfalls die Entwicklung einer sozialen Phobie und ihrer besonderen Ausprägungen begünstigen. Es geht dabei um die Art der Erziehung von Mädchen und Jungen sowie um die Rollen von Mann und Frau, aber auch um kulturelle Normen ganz allgemein.

Der Zwang der geschlechtsspezifischen Sozialisation: Männer müssen »stark« sein, Frauen »nett«

Der Einfluss des Geschlechts auf die Entwicklung von sozialen Ängsten und Phobien ist laut Forschung geringer anzusetzen, als oft gedacht wird. Traditionellerweise dürfen Mädchen eher scheu und sozial ängstlicher sein als Jungen, die stark und selbstbewusst sein sollen. Männliche Jugendliche gelten, anders als weibliche, eher als schwach, wenn sie weinen und Gefühle zeigen. Der Druck auf junge Männer, keinesfalls schüchtern und sozial gehemmt sein zu dürfen, wirkt sich darin aus, dass sie in sozialen Situationen stärker zu Alkohol greifen, um »lockerer« zu werden, als Frauen. Beim Kennenlernen haben Männer aufgrund des althergebrachten Rollenklischees nach wie vor mehr Stress als Frauen, eine Person des anderen Geschlechts anzusprechen.

In der westlichen Gesellschaft beziehen Männer ihr Selbstwertgefühl eher aus individueller Leistung und einem unabhängigen Selbstkonzept, Frauen dagegen mehr aus sozialem Eingebundensein und einem beziehungsorientierten Selbstkonzept. Eltern fühlen sich oft stärker verpflichtet, Söhne in Richtung mehr Selbstbewusstsein und Autonomie zu erziehen, als Töchter. Gesellschaftliche Veränderungen haben jedoch dazu beigetragen, dass auch die Töchter heute mehr als früher in ihrer sozialen Kompetenz und Durchsetzungsfähigkeit gefördert werden. Es gilt nicht mehr als weibliche Klugheit, immer ausgleichend zu wirken und sich nachgiebig zu verhalten. In zunehmendem Maße geraten heute auch Frauen unter Druck, keinesfalls schüchtern, sondern möglichst selbstbewusst und kompetent aufzutreten, vor allem um sich auf dem Arbeitsmarkt besser durchsetzen zu können.

Der Druck kultureller Normen: soziale Anpassung oder »Out-Sein«

Ungeschriebene Gesetze, ausdrücklich verordnete Rollenvorschriften und typische Wertvorstellungen bestimmen das gesellschaftliche Verhalten. Verstöße dagegen werden je nach Kultur unterschiedlich geahndet. Jedes Mitglied der Gesellschaft achtet darauf, nicht völlig aus dem Rahmen zu fallen, um nicht sozial »out« zu sein. Aus der jeweiligen Bezugsgruppe ausgestoßen und ohne Unterstützung seitens der Umwelt zu sein, kam zumindest früher dem Tode gleich. Soziale Anpassung, die bis zu einem gewissen Grad vorgenommen wird, bei gleichzeitiger Wahrung der Individualität, ist auch heute noch eine notwendige Überlebensstrategie. Scham und Verlegenheit sind typische emotionale Reaktionen auf reale oder vermeintliche Rollenverstöße, ohne dass bereits von außen eine Sanktion drohen muss.

Sozial ängstliche Menschen orientieren sich stärker als andere an den Normen und Regeln der jeweiligen Kultur und Subkultur, um nicht unangenehm aufzufallen. Sie sind stets bemüht, das »richtige« Verhalten zu zeigen, auch wenn dieses gesellschaftlich oft gar nicht eindeutig definiert ist, und stellen die in jeder Gesellschaft mögliche individuelle Gestaltung des eigenen Lebens hinter der sozialen Anpassung zurück. Kleine Abweichungen von allgemein anerkannten Normen und geringfügige Unsicherheiten in Bezug auf das passende Sozialverhalten lösen bereits große Ängste vor Kritik und Ablehnung aus, weil sie das Risiko bergen, unangenehm im Mittelpunkt der Aufmerksamkeit zu stehen. Das Ziel maximaler Unauffälligkeit und sozialer Konfliktfreiheit verhindert jede persönliche Profilierung.

»Westliche« Kulturen (Nordamerika, Europa, Australien) schätzen aufgrund der individualistischen Vorstellungen, die dort vorherrschen, Werte wie Freiheit, Erfolg, Unabhängigkeit und Individualität. »Östliche« Kulturen (Asien, Afrika, Südamerika) betonen dagegen aufgrund der kollektivistischen Normen, die die dortigen Gesellschaften prägen, Ideale wie Kooperation, Zusammenhalt, Harmonie und Verantwortung gegenüber der Gruppe. Entsprechend werden Schüchternheit und soziale Ängste je nach Kultur unterschiedlich bewertet, und zwar in Asien viel positiver als in der westlichen Kultur. In Ländern wie Japan oder China haben schüchterne Kinder und Erwachsene einen viel besseren Status als in Europa und Amerika; sie werden dort häufiger zu Interaktionspartnern gewählt als in unseren Breiten. In bestimmten Ländern, wie etwa in Israel, ist die Schüchternheitsrate aufgrund der Erziehung geringer als anderswo, in Japan wiederum deutlich größer als in den USA. Damit ist erwiesen: Schüchternheit ist zwar ein Temperamentsfaktor, aber doch eine kulturell formbare Eigenschaft. Selbst in der westlichen Welt hat Schüchternheit einen unterschiedlichen Stellenwert: In Finnland wird schüchternes Verhalten viel positiver bewertet als in den USA.

In der *individualistischen Kultur der USA*, die den Erfolg des Einzelnen (über-)betont, gilt Schüchternheit als soziales Defizit. Kinder werden daher dazu erzogen, im Vertrauen auf ihre Fähigkeiten möglichst selbstbewusst und unabhängig zu handeln. In *kollektivistischen Kulturen in China und Japan*, die den Einzelnen stärker in das Kollektiv einbetten, gilt Schüchternheit dagegen als Ausdruck der sozialen Reife, während die Lockerheit der Amerikaner geradezu als Distanzlosigkeit angesehen wird. Kinder werden daher zu sozialer Zurückhaltung erzogen. Mittlerweile gibt es jedoch deutliche Anzeichen für einen Wertewandel in fernöstlichen Kulturen; diese nähern sich immer mehr westlichen Standards an, womit auch dort der Druck auf den Einzelnen zunimmt, sich zu behaupten. Im zunehmenden Wettbewerb gilt selbst in China Schüchternheit immer mehr als Nachteil.

Im Gegensatz zur sozialen Angst der Europäer und Amerikaner, sich lächerlich zu machen, geht es bei der sozialen Angst der Japaner, *Taijin Kyofusho* genannt, um die Sorge und Furcht, andere zu belästigen (durch Blicke, Erröten, unangenehme Körpergerüche, abgehende Winde, unabsichtliche Berührung oder körperliche Entstellung). Alles dreht sich darum, andere Menschen nicht durch übermäßige Nähe oder abstoßende körperliche Auffälligkeit in Verlegenheit zu bringen. Die räumliche Beengtheit in Japan mag mit ein Grund dafür sein, dass jeder darauf achtet, den anderen nicht zu sehr zu bedrängen.

Trotz ähnlicher Häufigkeitsraten in der westlichen Welt zeigen sich soziale Phobien je nach Region in unterschiedlicher Weise: So wird z. B. Essen, Trinken und Schreiben in der Öffentlichkeit oder Sprechen vor Autoritätspersonen in Schweden mehr gefürchtet als in den USA. Scham wiederum spielt bei der Entwicklung von sozialen Ängsten in China eine größere Rolle als in den USA. Die regional und kulturell unterschiedliche Ausformung sozialer Ängste weist somit eindrucksvoll auf die Bedeutung der jeweiligen Werte und Normen bei der Gestaltung sozialer Beziehungen hin.

Teil 3
Ein Zehn-Schritte-Programm
zur Bewältigung sozialer Ängste

Gott, gib' mir die Gelassenheit, Dinge hinzunehmen,
die ich nicht ändern kann, den Mut, Dinge zu ändern,
die ich ändern kann, und die Weisheit,
das eine vom anderen zu unterscheiden.
ALTES GELASSENHEITSGEBET

Der dritte Teil des Buches vermittelt Ihnen Strategien zur Bewältigung sozialer Ängste, und zwar in zehn Schritten:

Schritt 1 – Problem- und Zielanalyse: Analysieren Sie Ihre sozialen Ängste und klären Sie Ihre Ziele.

Schritt 2 – Aufmerksamkeitslenkung: Konzentrieren Sie sich auf die Umwelt und die Gegenwart, statt auf sich selbst und die Zukunft.

Schritt 3 – Akzeptanztraining: Nehmen Sie Ihre sozialen Ängste an und verfolgen Sie konsequent Ihre Ziele.

Schritt 4 – Änderung der Denkmuster: Entwickeln Sie neue Sichtweisen.

Schritt 5 – Mentales Training: Lernen Sie, soziale Situationen in der Vorstellung zu bewältigen.

Schritt 6 – Abbau von Sicherheitsverhalten: Verlassen Sie sich auf sich selbst, statt auf Tricks.

Schritt 7 – Symptombewältigung: Stellen Sie sich mutig den gefürchteten Symptomen.

Schritt 8 – Konfrontationstherapie: Stellen Sie sich erfolgreich allen sozialen Situationen.

Schritt 9 – Kompetenztraining: Verbessern Sie Ihre sozialen Fertigkeiten.

Schritt 10 – Stärkung des Selbstwertgefühls: Erhöhen Sie Ihr Selbstvertrauen.

Bei jedem einzelnen Schritt fassen wir zu Beginn zusammen, worauf es ankommt. Wir möchten Sie mit diesem Selbsthilfeprogramm anleiten, den Teufelskreis von Selbstbeobachtung, Vermeidungsreaktion, Sicherheitsverhalten, ängstlichen Denkmustern und mangelndem Selbstvertrauen zu unterbrechen und hilfreichere Formen sozialen Verhaltens zu entwickeln. Zu guter Letzt informieren wir Sie über die Möglichkeiten fachlicher Unterstützung, z. B. in einer Psychotherapie.

Schritt 1 – Problem- und Zielanalyse: Analysieren Sie Ihre sozialen Ängste und klären Sie Ihre Ziele

Machen Sie zuerst einmal eine Bestandsaufnahme: Verschaffen Sie sich einen detaillierten Überblick über Art, Ausmaß, Ursachen und Folgen Ihrer sozialen Ängste. Entwickeln Sie danach ganz konkrete Ziele bezüglich ihrer Überwindung. Halten Sie Ihre Erkenntnisse, Ziele und Fortschritte in einem Angst-Tagebuch fest. Diese Unterlagen stellen gleichzeitig eine gute Vorbereitung auf eine Psychotherapie dar, sollten sich Ihre Selbsthilfemöglichkeiten als nicht ausreichend erweisen.

Bestandsaufnahme: Wie ausgeprägt sind Ihre sozialen Ängste?

In welchem Ausmaß fürchten und/oder vermeiden Sie bestimmte *Situationen und Ereignisse?* Geben Sie durch Ankreuzen der zutreffenden Zahl an, wie sehr Sie durch folgende Umstände belastet sind (0 = gar nicht, 1 = ein wenig, 2 = mäßig, 3 = stark, 4 = sehr stark).

Soziale Situation	Ausmaß der Belastung				
Im Mittelpunkt der Aufmerksamkeit stehen	0	1	2	③	4
In der Öffentlichkeit beobachtet werden, ohne dabei etwas Bestimmtes zu tun	0	①	2	3	4
Bei Tätigkeiten jeder Art beobachtet werden	0	1	②	3	4
Bei der Arbeit beobachtet werden	0	1	2	③	4
Bei Freizeitbeschäftigungen (z. B. Sport) beobachtet werden	0	1	②	3	4
Vor anderen eine Leistung erbringen (z. B. vorlesen, vorspielen)	0	1	2	③	4
Im Mittelpunkt einer Ehrung stehen	0	1	2	③	4
Öffentlich gelobt werden	0	1	2	③	4
In der Öffentlichkeit essen	⓪	1	2	3	4
In der Öffentlichkeit trinken	⓪	1	2	3	4

Soziale Situation	Ausmaß der Belastung
In der Öffentlichkeit schreiben	(0) 1 2 3 4
In der Öffentlichkeit telefonieren	0 (1) 2 3 4
Beim Gehen auf der Straße beobachtet werden	0 1 (2) 3 4
Von anderen in Bezug auf den Körper beobachtet werden	0 (1) 2 3 4
Öffentliche Toiletten benutzen, während andere im Raum sind	0 (1) 2 3 4
Einen Raum betreten, in dem bereits andere Menschen sind	0 (1) 2 3 4
In öffentlichen Verkehrsmitteln anderen gegenübersitzen	0 (1) 2 3 4
Mündliche Prüfungen ablegen	0 1 2 3 (4)
Schriftliche Prüfungen ablegen	0 (1) 2 3 4
In der Öffentlichkeit sprechen	0 1 2 3 (4)
Eine kleine Rede oder ein Referat halten	0 1 2 3 (4)
In einer privaten Runde das Wort ergreifen	0 1 (2) 3 4
In einer Runde von unbekannten Personen etwas sagen	0 1 (2) 3 4
Sich in einer beruflichen Situation zu Wort melden	0 1 2 (3) 4
Vor anderen einen Fehler begehen	0 (1) 2 3 4
An Versammlungen, Veranstaltungen, Konferenzen teilnehmen	0 1 (2) 3 4
Feiern oder Partys besuchen	0 1 2 (3) 4
An Familienfeiern in größerem Rahmen teilnehmen	0 1 (2) 3 4
Bei Nicht-Verwandten eingeladen sein	0 1 (2) 3 4
In einem Team mit anderen Menschen zusammenarbeiten	0 (1) 2 3 4
Einen Bekannten auf der Straße treffen und mit ihm reden	0 1 (2) 3 4
Gespräche mit wenig vertrauten Personen beginnen	0 1 (2) 3 4
Gespräche mit wenig vertrauten Personen fortführen	0 1 (2) 3 4
Mit einer weniger vertrauten Person allein zusammen sein	0 (1) 2 3 4
Fremde Personen ansprechen	0 1 (2) 3 4
Sich mit unbekannten Menschen eine Zeit lang unterhalten	0 1 (2) 3 4
Auf Kontaktangebote anderer reagieren	0 (1) 2 3 4
Unerwünschte Kontakte beenden	0 1 2 (3) 4
Belanglose Gespräche (»Smalltalk«) führen	0 1 (2) 3 4
Eine unbekannte Person des anderen Geschlechts ansprechen	0 1 2 3 (4)
Mit attraktiven Personen des anderen Geschlechts sprechen	0 1 2 3 (4)
Einen Flirt beginnen	0 1 (2) 3 4
Mit einer Person des anderen Geschlechts ausgehen	0 1 2 (3) 4

Soziale Situation	Ausmaß der Belastung
Neue Leute treffen	0 1 (2) 3 4
Blickkontakt aufnehmen und aushalten	0 (1) 2 3 4
Andere Personen anlächeln	(0) 1 2 3 4
Räumliche Nähe zu anderen Personen aushalten	0 1 (2) 3 4
Mit Autoritätspersonen reden	0 1 2 (3) 4
Eigene Gedanken und Meinungen äußern	0 1 2 (3) 4
Kritik äußern	0 1 2 (3) 4
Eine gegensätzliche Meinung öffentlich vertreten	0 1 2 3 (4)
Jemandem widersprechen	0 1 2 (3) 4
Die momentanen Gefühle zum Ausdruck bringen	0 1 (2) 3 4
Ärger ausdrücken	0 1 (2) 3 4
Nein sagen gegenüber den Wünschen anderer	0 1 2 (3) 4
Eigene Wünsche äußern	0 1 (2) 3 4
Forderungen an andere stellen	0 1 2 (3) 4
Sich bei einem berechtigten Anliegen durchsetzen	0 1 2 (3) 4
Die eigenen Rechte vertreten	0 1 2 (3) 4
Ungerechtfertigte Forderungen anderer zurückweisen	0 1 (2) 3 4
Jemanden um etwas bitten	(0) 1 2 3 4
Jemanden loben	(0) 1 2 3 4
Kritik ertragen und angemessen darauf reagieren	0 (1) 2 3 4
Reklamationen in Geschäften vornehmen	0 (1) 2 3 4
Eine Beschwerde in einem Lokal vorbringen	0 1 (2) 3 4

In welchem Ausmaß sind Sie vor und in sozialen Situationen durch *körperliche Symptome* belastet?

Körperliche Symptome	Ausmaß der Belastung
Erröten	0 1 (2) 3 4
Heißer Kopf, glühendes Gesicht	(0) 1 2 3 4
Schwitzen bzw. Schweißausbrüche	0 (1) 2 3 4
Heiß-kalt-Empfindungen (Wechsel zwischen Hitzewallungen und Kälteschauern)	(0) 1 2 3 4
Feuchte oder schweißnasse Hände	(0) 1 2 3 4
Kalte Hände	0 (1) 2 3 4

Körperliche Symptome	Ausmaß der Belastung
Zittern der Hände	0 ① 2 3 4
Zittern anderer Körperteile (z. B. Kopf, Beine)	⓪ 1 2 3 4
Harndrang	⓪ 1 2 3 4
Stuhldrang	⓪ 1 2 3 4
Übelkeit	⓪ 1 2 3 4
Brechreiz	⓪ 1 2 3 4
Flaues Gefühl im Magen	⓪ 1 2 3 4
Magenbeschwerden	⓪ 1 2 3 4
Mundtrockenheit	⓪ 1 2 3 4
Kloßgefühl im Hals, Zuschnüren der Kehle	⓪ 1 2 3 4
Schluckbeschwerden	⓪ 1 2 3 4
Herzklopfen oder Herzrasen	0 1 2 ③ 4
Atembeschwerden	0 ① 2 3 4
Beklemmungsgefühl	0 ① 2 3 4
Druckgefühl oder Schmerzen im Brustbereich	⓪ 1 2 3 4
Druckgefühl oder Schmerzen im Kopfbereich	⓪ 1 2 3 4
Rückenschmerzen	⓪ 1 2 3 4
Körperliche Anspannung	0 1 2 ③ 4
Schwindelgefühl	0 ① 2 3 4
Ohrensausen	⓪ 1 2 3 4
Unsicherer Stand, wackelige Beine	⓪ 1 2 3 4
Gefühllosigkeit	⓪ 1 2 3 4
Kribbelgefühle	⓪ 1 2 3 4
Erstarren vor Schreck	0 ① 2 3 4
Ohnmachtsgefühl	⓪ 1 2 3 4
Leise Stimme	0 1 ② 3 4
Verlust der Stimme	0 1 2 ③ 4
Stottern	⓪ 1 2 3 4
Gänsehaut-Gefühl	⓪ 1 2 3 4
Appetitlosigkeit in Essensituationen zusammen mit anderen	⓪ 1 2 3 4
Körperliches Schwächegefühl	0 ① 2 3 4
Einschlafstörung	0 1 2 ③ 4

In welchem Ausmaß sind Sie vor und in sozialen Situationen durch *psychische Symptome* belastet?

Psychische Symptome	Ausmaß der Belastung				
Unwohlsein in Gruppensituationen	0	1	2	(3)	4
Unwohlsein in Gesprächen unter vier Augen	0	(1)	2	3	4
Geistige Benommenheit	(0)	1	2	3	4
Eingeschränktes Denkvermögen	(0)	1	2	3	4
Konzentrationsstörungen	0	(1)	2	3	4
Gedächtnisstörungen	0	(1)	2	3	4
Blackout-Gefühl	(0)	1	2	3	4
Erwartungsängste in Bezug auf soziale Situationen	0	1	2	(3)	4
Ständige Selbstbeobachtung in sozialen Situationen	0	1	(2)	3	4
»Hinterhergrübeln« nach sozialen Situationen	0	1	(2)	3	4
Unsicherheit	0	1	2	(3)	4
Nervosität	0	1	2	3	(4)
Scham	0	1	2	(3)	4
Gefühl des peinlich Berührtseins	0	1	(2)	3	4
Verlegenheit	0	(1)	2	3	4
Gefühl des Kontrollverlustes	(0)	1	2	3	4
Unterlegenheitsgefühl	0	1	(2)	3	4
Ärger über sich selbst	0	1	2	(3)	4
Traurigkeit wegen der sozialen Ängste	0	1	(2)	3	4
Hoffnungslosigkeit wegen der sozialen Ängste	0	1	2	(3)	4
Neid auf Menschen ohne soziale Ängste	0	1	(2)	3	4
Innere Unruhe und ängstliche Angespanntheit	0	1	2	3	(4)
Unwirklichkeits-/Entfremdungsgefühle sich selbst gegenüber	0	1	(2)	3	4
Unwirklichkeits-/Entfremdungsgefühle der Umwelt gegenüber	(0)	1	2	3	4

Wie ausgeprägt sind bei Ihnen bestimmte *Befürchtungen, Überzeugungen, Selbstansprüche und Bedürfnisse* angesichts sozialer Situationen?

Befürchtungen, Überzeugungen und Bedürfnisse	Ausmaß der Ausprägung				
Angst, durch eine Panikattacke unangenehm aufzufallen	(0)	1	2	3	4

Befürchtungen, Überzeugungen und Bedürfnisse	Ausmaß der Ausprägung
Angst zu zittern	(0) 1 2 3 4
Angst zu schwitzen	(0) 1 2 3 4
Angst zu erröten	0 1 2 (3) 4
Angst zu stottern	(0) 1 2 3 4
Angst zu erbrechen	(0) 1 2 3 4
Angst, Harn- und/oder Stuhldrang zu bekommen	(0) 1 2 3 4
Angst, ohnmächtig zu werden und dadurch aufzufallen	(0) 1 2 3 4
Angst, nicht sprechen zu können	0 1 2 3 (4)
Angst, beobachtet oder angestarrt zu werden	0 1 2 (3) 4
Angst, die Kontrolle zu verlieren	0 (1) 2 3 4
Angst, verrückt zu wirken und wirres Zeug zu reden	(0) 1 2 3 4
Angst, sich peinlich zu verhalten	0 (1) 2 3 4
Angst, sich ungeschickt zu verhalten	0 (1) 2 3 4
Angst, schüchtern zu wirken	0 1 2 (3) 4
Angst, durch irgendetwas unangenehm aufzufallen	(0) 1 2 3 4
Angst, lächerlich zu wirken	(0) 1 2 3 4
Angst, angespannt und nervös zu wirken	0 1 (2) 3 4
Angst, kritisiert zu werden	0 1 (2) 3 4
Angst, etwas Falsches zu sagen	0 (1) 2 3 4
Angst, einen Fehler zu begehen	0 (1) 2 3 4
Angst, unsympathisch zu wirken	(0) 1 2 3 4
Angst, abgelehnt zu werden	0 1 (2) 3 4
Angst, von anderen verletzt zu werden	0 1 (2) 3 4
Angst, langweilig oder uninteressant zu wirken	(0) (1) 2 3 4
Angst, eigenartig oder merkwürdig zu wirken	0 (1) 2 3 4
Angst, keinen Gesprächsstoff zu finden	0 1 (2) 3 4
Angst, im Gespräch oder Vortrag einen Blackout zu bekommen	(0) 1 2 3 4
Angst, die anderen könnten eine Schwäche entdecken	0 1 2 (3) 4
Angst, wegen des Äußeren kritisiert oder abgelehnt zu werden	(0) 1 2 3 4
Angst, wegen körperlicher Symptome nervenkrank zu wirken	(0) 1 2 3 4
Angst vor Nähe zu anderen Menschen	(0) 1 2 3 4
Angst vor jedem spontanen Verhalten unter Menschen	0 (1) 2 3 4
Überzeugung, anders zu sein als die anderen Menschen	(0) 1 2 3 4

Befürchtungen, Überzeugungen und Bedürfnisse	Ausmaß der Ausprägung				
Überzeugung, unterlegen zu sein	0	I	**2**	3	4
Überzeugung, minderwertig oder gar nichts wert zu sein	0	I	**2**	3	4
Überzeugung, dumm oder unfähig zu sein	0	I	**2**	3	4
Überzeugung, nicht liebenswert zu sein	0	I	**2**	3	4
Überzeugung, nicht attraktiv zu sein	0	I	**2**	3	4
Überzeugung, für andere nicht interessant genug zu sein	0	I	**2**	3	4
Überzeugung, weniger kompetent zu sein als andere	0	I	2	**3**	4
Überzeugung, von den anderen abgelehnt zu werden	0	**I**	2	3	4
Überzeugung, nur bei besten Leistungen etwas wert zu sein	0	**I**	2	3	4
Überzeugung, bei Fehlern als Person abgelehnt zu werden	0	**I**	2	3	4
Überzeugung, bei anderen Menschen als Versager zu gelten	0	**I**	2	3	4
Überzeugung, dass die anderen merken, wie man sich fühlt	0	I	**2**	3	4
Anspruch, alles möglichst gut machen zu müssen	0	I	**2**	3	4
Anspruch, keinen Fehler zu begehen	0	I	**2**	3	4
Anspruch, jede Kritik durch richtiges Verhalten zu vermeiden	0	I	2	**3**	4
Anspruch, durch Perfektionismus unangreifbar zu sein	0	I	2	**3**	4
Bedürfnis, von allen Menschen geliebt zu werden	0	I	2	3	**4**
Bedürfnis, es allen recht machen zu wollen	0	I	2	3	**4**
Bedürfnis, den Erwartungen der anderen zu entsprechen	0	I	2	3	**4**
Bedürfnis, sich selbst ganz unter Kontrolle zu haben	0	I	**2**	3	4

Wie sehr verlassen Sie sich vor und in sozialen Situationen auf bestimmte *Sicherheitsmaßnahmen?* Markieren Sie die zutreffende Zahl. Erstellen Sie zusätzlich noch eine eigene Liste der von Ihnen *bevorzugten* Sicherheitsstrategien. Was fürchten Sie am meisten, wenn Sie auf bestimmte Sicherheitsmaßnahmen verzichten müssten?

Sicherheitsmaßnahmen	Ausmaß der Ausprägung				
Übermäßige oder perfekte Vorbereitung zur Fehlervermeidung	0	I	2	**3**	4
Planung bis ins kleinste Detail, damit alles gut geht	0	I	**2**	3	4
Im Geist alles x-mal durchgehen, bevor man etwas sagt/tut	0	I	2	**3**	4
Vor Wortmeldungen zuerst alles auf seine Richtigkeit prüfen	0	I	2	**3**	4
Sich jeden Satz vorher genau zurechtlegen	0	I	2	**3**	4

Sicherheitsmaßnahmen	Ausmaß der Ausprägung				
Möglichst knappe Wortmeldungen zur Fehlerminimierung	0	1	2	(3)	4
Versuchen, nichts Falsches zu sagen, um Kritik zu vermeiden	0	1	2	(3)	4
Sich auf Treffen mit anderen übertrieben vorbereiten	0	(1)	2	3	4
Alkohol zur Beruhigung trinken	0	1	(2)	3	4
Medikamente zur Beruhigung einnehmen	0	1	(2)	3	4
Eine vertraute Person zu Treffen mit anderen mitnehmen	(0)	1	2	3	4
Vertraute Personen für sich sprechen oder anrufen lassen	0	1	(2)	3	4
Soziale Situationen möglichst vermeiden	0	1	(2)	3	4
Die Aufmerksamkeit anderer Menschen vermeiden	0	1	(2)	3	4
Vermeiden, im Mittelpunkt zu stehen	0	1	(2)	3	4
Bei Beachtung möglichst schnell aus dem Mittelpunkt treten	0	1	(2)	3	4
Platz nehmen in einer Weise, dass man nicht auffällt	0	(1)	2	3	4
Am Rand von Gruppen verweilen	0	1	(2)	3	4
Vermeiden, zum Gesprächsthema einer Gruppe zu werden	0	1	2	(3)	4
Vermeiden, in sozialen Situationen die Initiative zu ergreifen	0	1	(2)	3	4
Versuchen, möglichst unauffällig zu sein	0	1	(2)	3	4
Zittern vermeiden oder unterdrücken	(0)	1	2	3	4
Schwitzen vermeiden oder verbergen	(0)	1	2	3	4
Erröten vermeiden oder verbergen	0	1	2	(3)	4
Schreiben vor anderen vermeiden	(0)	1	2	3	4
Nicht öffentlich sprechen aus Angst vor Auffälligkeit	0	(1)	2	3	4
Öffentlich keine Suppe essen aus Angst, sie zu verschütten	(0)	1	2	3	4
Glas oder Tasse nicht voll füllen aus Angst, etwas zu verschütten	(0)	1	2	3	4
Tassen, Gläser, Löffel, Stifte fest umgreifen, um nicht zu zittern	(0)	1	2	3	4
Öffentliche Mahlzeiten vermeiden aus Angst aufzufallen	(0)	1	2	3	4
Warme Kleidung, warme Getränke oder überhitzte Räume vermeiden, um nicht zu schwitzen	(0)	1	2	3	4
Blickkontakt vermeiden	(0)	1	2	3	4
Sich abwenden	(0)	1	2	3	4
Aus Angst den Kontakt mit bestimmten Personen vermeiden	0	(1)	2	3	4
Leise sprechen	0	(1)	2	3	4
Wenig sprechen	0	(1)	2	3	4
Wortmeldungen und Fragen vermeiden, um nicht aufzufallen	0	1	2	(3)	4
Nichts über sich selbst mitteilen	0	(1)	2	3	4

Sicherheitsmaßnahmen	Ausmaß der Ausprägung
Die eigenen Gedanken und Gefühle zurückhalten	0 1 **(2)** 3 4
Andere gar nicht ansprechen	**(0)** 1 2 3 4
Vor/nach Veranstaltungen Gespräche (»Smalltalk«) vermeiden	0 **(1)** 2 3 4
Grelles Licht vermeiden, um die Symptome zu verbergen	**(0)** 1 2 3 4
Spezielle Maßnahmen, um sichtbares Erröten zu verbergen	**(0)** 1 2 3 4
Zur Kühlung das Fenster öffnen, um Schwitzen zu verringern	**(0)** 1 2 3 4
Leichte Kleidung tragen, um Schwitzen zu vermindern	**(0)** 1 2 3 4
Spezielle Kleidung tragen, um Schweißflecken zu verbergen	**(0)** 1 2 3 4
Ständige Selbstbeobachtung in sozialen Situationen	0 1 **(2)** 3 4
Grübeln und sich vorstellen, wie man auf andere wirkt	0 1 2 **(3)** 4
Überprüfen, ob man auf andere gut wirkt	0 1 2 **(3)** 4
Angst und Nervosität durch Ablenkung vermindern	0 1 2 **(3)** 4
In sozialen Situationen an etwas ganz anderes denken	0 **(1)** 2 3 4
Unsicherheit durch viel Reden überspielen	**(0)** 1 2 3 4
Möglichst normal wirken wollen	0 **(1)** 2 3 4
Möglichst unauffällig sein wollen	0 1 **(2)** 3 4
Unsicherheit durch betonte Lockerheit überspielen	**(0)** 1 2 3 4
Das eigene Verhalten möglichst gut kontrollieren	0 **(1)** 2 3 4
Ständige Überprüfung, ob man nach außen hin unauffällig ist	**(0)** 1 2 3 4
Spezielles Outfit (Frisur, Kleidung), um attraktiv zu wirken	0 1 **(2)** 3 4
Mit bestimmten Dingen prahlen, um gut anzukommen	**(0)** 1 2 3 4
Nach Ausreden suchen, um nicht negativ aufzufallen	0 **(1)** 2 3 4
Erklärungen vorbringen, um Auffälligkeiten abzuschwächen	**(0)** 1 2 3 4
Krankheit vortäuschen, um sozialen Situationen zu entkommen	0 **(1)** 2 3 4

In welchem Ausmaß sind Sie in den verschiedenen *Lebensbereichen* beeinträchtigt?

Lebensbereich	Ausmaß der Beeinträchtigung
Umfang des Bekanntenkreises	**(0)** 1 2 3 4
Intensität von Freundschaften	0 **(1)** 2 3 4
Qualität sozialer Beziehungen	0 1 **(2)** 3 4

Lebensbereich	Ausmaß der Beeinträchtigung				
Soziale Aktivitäten	0	1	②	3	4
Gemeinschaftliche Freizeitaktivitäten	0	1	②	3	4
Reisen zusammen mit anderen	0	①	2	3	4
Kontakte zum anderen Geschlecht	⓪	1	2	3	4
Sexuelle Beziehungen	⓪	1	2	3	4
Schulische Entwicklung	⓪	1	2	3	4
Berufliche Entwicklung	⓪	1	2	3	4
Berufliche Aufstiegschancen	0	1	2	3	4
Berufliche Fortbildungsmöglichkeiten	0	1	②	3	4
Außerberufliche Weiterbildung	0	1	②	3	4
Kontakte am Arbeitsplatz (bzw. in einer Ausbildungssituation)	⓪	1	2	3	4
Sportliche Betätigungen und Entwicklungsmöglichkeiten	⓪	1	2	3	4
Künstlerische Betätigungen und Entwicklungsmöglichkeiten	0	1	②	3	4
Allgemeine Lebensqualität	0	1	②	3	4

Ursachenforschung: Was sind die Ursachen, Auslöser und Verstärker Ihrer sozialen Ängste?

Zur Überwindung Ihrer sozialen Ängste ist es nicht notwendig, alle Ursachen zu kennen, wie wir sie in Teil 2 dargelegt haben. Es kann Ihnen jedoch helfen, Ihre Ängste besser zu verstehen und zu akzeptieren, wenn Sie deren Ursachen, Auslöser und Verstärker genauer erforscht haben. Wirklich in ihrem tiefsten Kern verstanden haben Sie die Ängste erst, wenn Sie sie überwunden haben; denn erst dann haben Sie erkannt, welche Faktoren Ihre Ängste tatsächlich aufrechterhalten haben und was notwendig war, sie erfolgreich zu bewältigen.

Beantworten Sie folgende *Fragen* schriftlich in Ihrem Tagebuch:

* Seit wann leiden Sie unter sozialen Ängsten? Wie sind sie entstanden und wie haben sie sich weiterentwickelt? Was waren die ersten Ursachen bzw. anfänglichen Auslöser Ihrer Ängste?
* Was sind gegenwärtig Ihre größten sozialen Ängste? Welche Ängste belasten Sie am meisten? Wo, wann und in welcher Weise treten Ihre Ängste heute auf? Was sind die zentralen Ursachen, Auslöser und Verstärker Ihrer momentanen Ängste?

- Hat bzw. hatte Schüchternheit eine Bedeutung bei der Ausformung Ihrer Ängste?
- Welche Ihrer Ängste sind durchaus begründet, welche eher unbegründet?
- Was macht Ihre Ängste schlimmer, was mindert sie?
- Welche Erklärungsversuche haben Sie von anderer Seite erhalten (von Angehörigen, Bekannten, Fachleuten)?
- Welche Ängste aus früherer Zeit haben Sie bereits überwunden? Wie haben Sie das geschafft?
- Welche Denkmuster stehen hinter Ihren sozialen Ängsten?
- Welche Denkmuster haben Ihre Ängste verschärft, unabhängig davon, wie diese entstanden sind?
- Welche familiären Faktoren haben Ihre Ängste wesentlich geprägt?
- Haben bzw. hatten Ihre Eltern oder Geschwister auch soziale Ängste? Welche Zusammenhänge mit Ihren Ängsten sehen Sie hier?
- Welche Denkmuster, Einstellungen, Glaubenssätze und Wertvorstellungen Ihrer Eltern haben Einfluss auf die Ausprägung Ihrer Ängste gehabt?
- Welche außerfamiliären Faktoren (Schule, Beruf, Freundeskreis) haben Ihre Ängste maßgeblich geformt?
- Welche gesellschaftlichen, kulturellen oder religiösen Umstände haben Einfluss auf Ihre Ängste?
- Gibt es Ausnahmen, Zeiten und Umstände, wo Ihre sozialen Ängste nicht oder kaum auftreten? Wie erklären Sie sich das?
- Was sind die gegenwärtig schlimmsten Auswirkungen Ihrer sozialen Ängste auf Ihr Leben? In welcher Weise tragen die Folgen Ihrer Ängste gleichzeitig zu deren Aufrechterhaltung bei?
- Welche Vermeidungsstrategien und welche Sicherheitsmaßnahmen haben zur Aufrechterhaltung Ihrer Ängste am meisten beigetragen?
- In welchem Ausmaß verwenden Sie Alkohol oder Beruhigungsmittel zur Angstbewältigung? Wie wirkt sich dies auf die Aufrechterhaltung Ihrer Ängste aus?
- Wie reagiert Ihre Umwelt auf Ihre Ängste? Was davon ist bzw. war hilfreich, was schädlich?
- Was haben Sie bisher bereits selbst unternommen, um Ihre Ängste zu bewältigen? Was hat geholfen, was nicht?
- Können Sie in Ihren Ängsten auch bestimmte Vorteile oder sinnvolle Schutzfunktionen sehen?

Beantworten Sie auch folgende Fragen, die Sie auf Ihre Fähigkeiten verweisen:

- Was sind Ihre Stärken, trotz Ihrer sozialen Ängste?
- Was gelingt Ihnen trotz Ihrer Ängste in bestimmten sozialen Situationen durchaus gut?
- Was hat Ihnen phasenweise oder unter bestimmten Umständen geholfen, mit Ihren Ängsten gut zurechtzukommen?

Zielklärung: Was genau möchten Sie erreichen?

Nach der Analyse Ihrer sozialen Ängste sollten Sie in Ihrem Tagebuch notieren, was Sie im Laufe der Zeit ganz konkret ändern möchten. Formulieren Sie zwei Arten von Zielen:

- *Negativ formulierte Ziele:* Was möchten Sie zukünftig nicht mehr sein, nicht mehr haben, nicht mehr tun, nicht mehr denken? Es geht dabei um den Abbau nachteiliger Eigenschaften, schädlicher Verhaltensweisen und negativer Denkmuster sowie um den Verzicht auf Sicherheitsmaßnahmen.
- *Positiv formulierte Ziele:* Was möchten Sie zukünftig mehr sein, mehr haben, mehr tun? Wie möchten Sie später über sich selbst und Ihre Umwelt denken? Welche Denkmuster und Verhaltensweisen möchten Sie entwickeln? Was möchten Sie am liebsten schon jetzt tun, wenn Sie weniger ängstlich wären und Ihre Befürchtungen Sie nicht daran hindern würden? Es geht dabei um den Ausbau Ihrer sozialen Möglichkeiten und Fertigkeiten.

Viele Menschen mit Problemen definieren ihr Wohlbefinden durch das Verschwinden ihrer Beschwerden, das heißt, sie entwickeln negativ formulierte Ziele. Zur Identifizierung von Behandlungsschwerpunkten mag dies anfangs durchaus hilfreich sein, für konkrete Veränderungen kommt es jedoch darauf an, sich auf *positive Zielformulierungen* zu konzentrieren. Definieren Sie möglichst konkret, was Sie wollen, und nicht, was Sie *nicht* wollen. Aufgrund der bildhaften Vorstellungsfähigkeit kennt Ihr Gehirn keine Verneinung. Anweisungen wie »Denke nicht an die Zahl Sieben«, »Denke nicht an einen rosaroten Elefanten« sind bekanntlich nicht zu befolgen.

Je mehr Sie etwas unterdrücken wollen, desto mehr beschäftigen Sie sich damit. »Nicht rot werden« oder »Nicht mit der Hand zittern« ist kein attraktives Ziel, weil es keine konkrete Verhaltensalternative anbietet. »In einer Gruppe das Wort ergreifen und weitersprechen, auch wenn ich mich innerlich erhitzt und angespannt fühle« ist dagegen ein geeignetes Ziel, das Sie ganz auf das hinlenkt, was Sie eigentlich erreichen möchten.

Legen Sie bei jedem positiv formulierten Ziel – in Form eines nach zeitlicher Erreichbarkeit gestaffelten Stufenplans – möglichst präzise verschiedene *realistische Teilziele* fest, um auf diese Weise Ihre Motivation und Hoffnung auf Erfolg zu stärken:

- Was sind Ihre kurzfristigen Ziele (innerhalb von 1–2 Wochen erreichbar)? Bei Kontaktängsten könnten Sie sich etwa vornehmen, kommende Woche drei fremde Menschen auf der Straße anzusprechen.
- Was sind Ihre mittelfristigen Ziele (innerhalb von 2–3 Monaten erreichbar)? Bei Angst vor Gruppensituationen könnten Sie sich mittelfristig für bestimmte Kurse anmelden.
- Was sind Ihre langfristigen Ziele (innerhalb von 1–2 Jahren erreichbar)? Bei Angst vor sozialen Veränderungen könnten Sie etwa eine berufliche Umschulung oder Aktivitäten zur Änderung Ihrer Single- oder Partner-Situation ins Auge fassen.

Es ist wichtig, Ihre Teilziele so konkret und überprüfbar wie möglich zu formulieren. Wo, wann, wie oft und in welcher Weise möchten Sie etwas tun, das Sie jetzt nicht oder kaum tun? Auf diese Weise können Sie Ihre Fortschritte im Laufe der Zeit beobachten, wie wenn man Sie filmen würde. Woran würden andere bei Ihnen kleinere und größere Veränderungen erkennen? Jedes Teilziel, das Sie erreichen, stärkt Ihre Hoffnung auf weitere positive Veränderungen. Zu Beginn sollten Sie damit zufrieden sein, dass Sie nur kleine Teilziele erreichen und in zahlreichen sozialen Situationen noch immer Angst haben werden. Erwarten Sie nicht gleich die völlige Heilung von all Ihren Ängsten, sondern lernen Sie, besser damit zu leben. Ihre Ziele sollten nur auf Ihr Verhalten bezogen sein. Sie können weder von sich fordern, dass Sie sich dabei wohlfühlen, noch dass die anderen auf Ihre Aktivitäten positiv reagieren.

Zielorientiertes Handeln ist die Alternative zu den vier typischen Reaktionsmustern von Menschen mit Ängsten: Vermeidung, Flucht, Sicherheitsverhalten, Resignation (»Ohnmacht«). Lassen Sie diese Neigungen und Empfindungen einfach zu, ohne ihnen nachzugeben, aber auch ohne sie zu bekämpfen. Konzentrieren Sie sich vielmehr voll und ganz auf das, was Sie in sozialen Situationen in positiver Hinsicht erreichen möchten. Dazu ist es notwendig, dass Sie sich vorher ganz konkret Ihre Ziele vergegenwärtigen.

Schritt 2 – Aufmerksamkeitslenkung: Konzentrieren Sie sich auf die Umwelt und die Gegenwart statt auf sich selbst und die Zukunft

Die Gegenwart ist die einzige Zeit,
die uns wirklich gehört.

BLAISE PASCAL

Ihre sozialen Ängste leben einerseits von Ihrer ständigen ängstlichen Selbstbeobachtung und Ihren Fantasien, was die anderen über Sie denken könnten, und andererseits von Ihren Befürchtungen, was zukünftig alles Schlimmes passieren könnte. Konzentrieren Sie sich stattdessen auf Ihren Gesprächspartner oder Ihre Aufgabe und nicht auf sich selbst. Bleiben Sie dabei ganz in der Gegenwart, nehmen Sie wahr, was jetzt gerade ist. Gehen Sie in Ihrem Geist nicht in die Zukunft, denken Sie nicht, was sein könnte. Verweilen Sie im Augenblick, bei dem, was gerade im Hier und Jetzt geschieht, ohne ständig die gefürchtete Situation vor Augen zu haben. Gehen Sie ganz im Augenblick auf, konzentrieren Sie sich auf den gegenwärtigen Kontakt zu Ihrem Gegenüber, ohne etwas vermeiden oder verhindern zu wollen.

Selbstaufmerksamkeit abbauen: Stellen Sie den Gesprächspartner und die Sache in den Mittelpunkt

Stehen Sie in sozialen Situationen oft buchstäblich »neben sich«? Fühlen Sie sich innerlich gespalten, weil Sie sich ständig so beobachten, als würden Sie von außen zuschauen? Denken Sie, dass andere Menschen negativ über Sie denken, während sie Sie und Ihr Verhalten beobachten? Unterbrechen Sie den *Teufelskreis der ständigen Selbstbeobachtung,* der Ihre Spontaneität und Ihre Beziehung zu anderen Menschen beeinträchtigt. Werden Sie von der beobachteten Person zum aufmerksamen Beobachter Ihrer sozialen Umwelt. Konzentrieren Sie sich auf die jeweiligen Gesprächspartner und das aktuelle Geschehen. Je mehr Sie gleichsam sich selbst vergessen und sich ganz auf andere Menschen einlassen, desto offener und natürlicher werden Sie von Ihrer Umwelt erlebt.

Konzentration bedeutet Einengung der Aufmerksamkeit auf das, was in diesem Augenblick wichtig ist, und Ausblenden aller Reize und Informationen, die momentan störend wirken. So wie es möglich ist, in einer Tätigkeit ganz zu versinken, in einer Aufgabe völlig aufzugehen, können Sie auch in ein Gespräch mit anderen Menschen vertieft sein, ohne sich ständig zu beobachten. Konzentrieren Sie sich bei Auftritten und Präsentationen auf die anderen Personen oder die konkrete Aufgabe und nicht auf Ihre ängstlichen Gedanken und körperlichen Zustände. Ein derartiges *Konzentrationstraining mit Aufmerksamkeitslenkung nach außen* verhindert die verunsichernde Beobachtung der eigenen Person.

Günstig sind in sozialen Situationen Fragen wie: »Was ist mein Ziel?«, »Was will ich erreichen?«, »Was habe ich mir vorgenommen?«, »Was kann ich jetzt tun, um mein Ziel möglichst gut zu erreichen?«, »Was fällt mir bei meinem Gegenüber auf?« Ungünstig sind dagegen Fragen, die eine erhöhte Selbstaufmerksamkeit fördern: »Wie schaue ich aus?«, »Erröte, schwitze oder zittere ich schon?«, »Werde ich versagen?«, »Welchen Eindruck mache ich auf andere?«, »Was denken die anderen von mir?«, »Was tue ich, wenn ich versage?«

Lernen Sie von Spitzensportlern, die sich ganz auf die aktuelle Aufgabe konzentrieren, ohne sich dabei von außen zuzuschauen und zu bewerten. Erfolgreiche Sportler, Schauspieler, Musiker und Vortragende präsentieren sich oft vor einer großen und kompetenten Öffentlichkeit, sehen sich dabei aber trotzdem nicht ständig mit den Augen der Zuschauer. Sie denken nicht dauernd an die Erwartungen der anderen, sondern geben ihr Bestes von Moment zu Moment, ohne zu wissen, ob es für eine Bestleistung reichen wird, und ohne sich im Fall des Versagens mit der Enttäuschung der anderen zu beschäftigen und Argumente zu sammeln, warum es nicht für eine Spitzenleistung gereicht hat. Machen Sie dasselbe: *Gehen Sie voll und ganz in Ihrer Tätigkeit auf,* ohne sich ständig aus der Perspektive der Zuschauer und Zuhörer zu registrieren.

Bei körperlichen Beschwerden wie Erröten, Schwitzen oder Angespanntheit sollten Sie sich ebenfalls auf Ihre Aufgabe oder auf die Umwelt konzentrieren, anstatt andauernd Ihren Körper zu beobachten. Lenken Sie Ihre Aufmerksamkeit auf andere um und verzichten Sie bewusst auf jede Form der kraftraubenden Beeinflussung Ihrer Symptome. Die anderen Menschen nehmen zwar mehr oder weniger bewusst Ihr Äußeres wahr, beschäftigen sich jedoch eher mit den Inhalten des Gesprächs als mit Ihrem körperlichen Befinden.

Wenn Sie sich verstärkt anderen Menschen zuwenden, soll dies jedoch nicht darin ausarten, dass Sie sich dadurch perfekt von sich selbst ablenken. Es geht vielmehr um eine *ausbalancierte Wahrnehmung:* Sie sollen einerseits stärker als bisher die anderen Menschen im Blick haben, andererseits jedoch auch Ihre momentanen Gedanken, Gefühle und Empfindungen wahrnehmen, ohne sich darauf zu fixieren. Hilfreiche *Selbstgespräche* sind etwa: »Ich spüre die aufsteigende Hitze, sage aber jetzt in der Gruppe das, was mir zu diesem Thema wichtig erscheint«, »Ich bin unsicher, ob mein Gegenüber auf meine Kontaktaufnahme reagieren wird, ich werde diese Person jetzt aber ansprechen, weil sie mich interessiert.«

Aufmerksamkeitsexperimente: Testen Sie die Wirkung der Aufmerksamkeitslenkung

Durch ein einfaches Experiment können Sie herausfinden, wie leicht Sie eine *Störung Ihres körperlichen Funktionierens* bewirken können. Beobachten Sie einmal ganz bewusst, ob Sie alles richtig machen: Beobachten Sie Ihr Schlucken beim Essen, Ihre Füße beim Gehen, Ihre Hand beim Greifen, Schreiben oder Halten eines Glases, Ihren Schlag beim Tennisspielen, Ihren Körper beim Tanzen, Radfahren, Skifahren oder Schwimmen, Ihre Körperposition beim Einschlafen. Werden Sie dadurch sicherer oder unsicherer? Sie werden feststellen, dass Sie durch die Selbstbeobachtung immer unsicherer und verkrampfter werden. Sie kennen sicher die Geschichte vom Tausendfüßler: Er wurde gefragt, wie er es schaffe, nicht über seine Beine zu stolpern – eine Frage, mit der er sich noch nie beschäftigt hatte. Nun dachte er erstmals darüber nach und kam ins Stolpern.

Studieren Sie die *Auswirkungen einer erhöhten Selbstaufmerksamkeit,* indem Sie sich ganz auf sich selbst konzentrieren. Beobachten Sie sich einmal einige Minuten lang in einem überfüllten öffentlichen Verkehrsmittel, in einem Raum voller Menschen, in einem Lift oder in einer langen Schlange vor der Supermarktkasse. Wie geht es Ihnen körperlich, welche Gefühle, Gedanken und Vorstellungen treten auf? Wie bewerten Sie Ihr Verhalten aus dem Blickwinkel der anderen Menschen? Welches Sicherheitsverhalten setzen Sie ein, um nicht unangenehm aufzufallen? Ziehen Sie aus Ihren eigenen Angstgefühlen den Schluss, dass Sie auf andere tatsächlich ängstlich wirken?

Machen Sie dann auch das umgekehrte Experiment: Werden Sie zum *genauen und neugierigen Beobachter Ihrer sozialen Umwelt.* Wie sehen andere Menschen aus, wie sind sie gekleidet, wie sind ihre Gesichtszüge, was könnte sie gerade beschäftigen, wie alt könnten sie sein, welchen Beruf könnten sie haben, in welcher Stimmung könnten sie sein? Werten Sie dann Ihre Experimente aus. Welche Auswirkungen haben die zwei unterschiedlichen Aufmerksamkeitsrichtungen auf Ihr Befinden? Beurteilen Sie jeweils, wie viel Prozent Ihrer Aufmerksamkeit nach innen, auf die eigene Person, und nach außen, auf die Aufgabe und auf die soziale Umwelt, gerichtet waren (zusammen 100 Prozent). Sie sollten versuchen, im Laufe der Zeit immer mehr dahin zu kommen, dass Ihre Selbstaufmerksamkeit in sozialen Situationen weniger als 50 Prozent beträgt (es geht nicht darum, die Selbstbeobachtung völlig zu vermeiden).

Ein weiteres Experiment: Lassen Sie sich einmal bei einer Präsentation, einem Vortrag oder einer Rede auf Video aufnehmen, um sich dann selbst am Bildschirm zu beobachten. Sie können dann Ihre *Vorstellungen* über Ihr Erscheinungsbild mit dem *tatsächlichen* Erscheinungsbild vergleichen. Sie werden sich wundern: An Ihrem Äußeren werden Sie kaum etwas Auffälliges wahrnehmen, obwohl Sie sich lebendig daran erinnern können, wie schlecht es Ihnen körperlich ergangen ist. Wenn Sie sich selbst auf diese Weise von außen betrachten, können Sie erleben, wie wenig Ihr Äußeres von Ihrem Inneren verrät. Ihr Videofeedback wird Ihnen beweisen, dass Sie auf andere besser wirken, als Sie aufgrund Ihres unguten Gefühls erwartet hatten.

Horrorszenarien vermeiden: Bleiben Sie im Hier und Jetzt

Wir leben gedanklich oft in der Vergangenheit oder in der Zukunft und viel zu wenig in der Gegenwart. Angst ist immer auf die Zukunft gerichtet und wird genährt durch Katastrophenfantasien. Wir möchten Sie fragen: Wie sehr leben Sie in der Zukunft? Was befürchten Sie? Wie sehr leben Sie in der Vergangenheit und grübeln darüber, was Sie durch andere bereits erlitten haben? Versuchen Sie mal etwas anderes: *Bleiben Sie mit Ihrer ganzen mentalen Kraft in der Gegenwart, im Hier und Jetzt, im gegenwärtigen Augenblick, beim momentanen Handeln.* Auf diese Weise können Sie wahrnehmen, was jetzt gerade passiert, anstatt sich lebhaft vorzustellen, was alles passieren *könnte*. Konzentrieren Sie sich auf das, was in sozialen Kontakten gerade geschieht, und leben Sie mit allen Sinnen in der momentanen Situation.

Denken Sie daran, dass es vollkommen menschlich ist, Fehler zu machen. Akzeptieren Sie die Möglichkeit der Blamage und des Scheiterns, dann müssen Sie sich nicht ständig bemühen, jedes Versagen unbedingt zu verhindern. Sie können nicht wissen, was in einer bestimmten Situation sein wird und was die anderen tatsächlich über Sie denken. Trotz bester Vorbereitung kann einmal etwas schiefgehen. Selbst bei maximalem Erfolg ist eine neidlose Anerkennung der anderen nie garantiert. Achten Sie darauf, was Sie im Moment tun können, um Ihr Vertrauen in die Zukunft zu stärken. Nutzen Sie die Chance und konzentrieren Sie sich auf das, was Sie *jetzt* machen können. Sie können nur in der Gegenwart handeln, um sich gut auf die Zukunft vorzubereiten. Unterstützen Sie Ihr Handeln durch *aufbauende Selbstgespräche*, wie etwa: »Ich gebe jetzt mein Bestes. Es läuft ganz gut, ich vertraue darauf, dass es so weitergeht.«

Wenn Sie doch beginnen, über das Bevorstehende nachzudenken, achten Sie darauf, wann Ihre Gedanken von einigermaßen sinnvollen Überlegungen zu völlig unfruchtbarem Grübeln ausarten. Motivieren Sie sich dann selbst, zum Handeln zurückzukehren, indem Sie sich z. B. sagen: »Ich merke, dass ich jetzt wieder endlos zu grübeln anfange, ich konzentriere mich daher auf die Situation. Ich beobachte mein Gegenüber noch ein wenig und treffe dann die Entscheidung, ein Gespräch zu beginnen, ohne zu wissen, ob ich eine Antwort bekommen werde. Ich lasse mich überraschen, was wirklich passieren wird, ohne vorher alles Mögliche durchzudenken. Ich weiß, dass Grübeln über die möglichen Folgen eine Form der Kontaktvermeidung ist, die ich jetzt bleiben lassen will.«

Schritt 3 – Akzeptanztraining: Nehmen Sie Ihre sozialen Ängste an und verfolgen Sie konsequent Ihre Ziele

In diesem Schritt geht es darum, Ihre sozialen Ängste als momentan gegeben zu akzeptieren, ohne sich deswegen für immer mit ihnen abfinden zu müssen. Kämpfen Sie nicht ständig gegen sie an, sondern tun Sie das, was Ihren Werten und Zielen entspricht und der Verwirklichung Ihrer Ideale und Absichten dient. Lassen Sie Ihre Angst machenden Gedanken und Empfindungen zu, aber konzentrieren Sie sich auf Ihre Wünsche nach sozialem Kontakt. Achten Sie auf das, was Sie erreichen möchten, ohne das Gefürchtete zu viel zu beachten oder gar vermeiden zu wollen. Es geht nicht darum, keine Angst vor anderen Menschen zu haben, sondern trotz Angst all das zu tun, was Ihnen wichtig ist.

Das von uns vorgeschlagene Akzeptanztraining in fünf Etappen beruht auf einer neueren Behandlungsform innerhalb der Verhaltenstherapie, nämlich auf der sogenannten *Akzeptanz- und Commitment-Therapie (ACT)*. Sie lernen dabei, Ihre Symptome, Gedanken und Gefühle durch Akzeptanz statt durch Kontrolle zu überwinden.

Angstvermeidung ist Erlebnisvermeidung: Akzeptieren Sie Ihre Angstgefühle

Wie schwer fällt es Ihnen, Ihre Ängste zuzulassen und das zu tun, was Ihnen wichtig ist? Sozial ängstliche Menschen vermeiden und fliehen nicht deshalb aus ängstigenden Situationen, weil sie Angst haben, sondern weil sie nicht bereit sind, ihre Furcht vor anderen Menschen zuzulassen und zu spüren – aus Angst, dabei unangenehm aufzufallen. Versuchen Sie nicht, Ihre Ängste mit aller Kraft kontrollieren und beseitigen zu wollen. Wenn Ihnen im Umgang mit Ihren Mitmenschen etwas wichtig ist, tun Sie es einfach – mit Angst und trotz Angst! Lassen Sie Ihre Ängste und Befürchtungen zu, ohne ständig dagegen anzukämpfen. Das verstärkt nur Ihre Anspannung. Begrüßen Sie stattdessen Ihre soziale Angst und treten Sie mit ihr in einen Dialog: »Da bist du also wieder, ich kenne dich schon. Jetzt gehen wir ein Stück gemeinsam weiter, nämlich auf andere Menschen zu. Du darfst mich begleiten, wenn ich jetzt vermehrt mit Menschen in Kontakt trete.«

Lassen Sie Ihre Gedanken, Vorstellungen, Gefühle und körperlichen Reaktionen kommen und gehen, wie die Wellen des Meeres, die bei Flut zu einem Höhepunkt ansteigen und dann während der Ebbe wieder abflauen. Beim Schwimmen oder Bootfahren bewältigen Sie Wellen bekanntlich am besten, wenn Sie sich *mit* ihnen bewegen, statt dagegen anzukämpfen. Lassen Sie Ihre inneren Bilder vorbeiziehen wie die Wolken am Himmel, wie Geräusche, die laut und bald wieder leiser werden. Akzeptieren Sie Ihre Gedanken und Gefühle in sozialen Situationen ebenso wie Ihre körperlichen Zustände, ohne dagegen anzukämpfen, denn diese sind nur vorübergehend und werden von allein wieder verschwinden.

Akzeptanz von Angst und Furcht bedeutet nicht, vor diesen starken Emotionen zu kapitulieren und zu resignieren, wie viele Menschen mit Angststörungen fälschlicherweise meinen. Es ist nur ein Verzichten auf unwirksame Kontrollstrategien, die viel Kraft kosten. Wenn Sie nicht mehr *gegen* Ihre Angst kämpfen, können Sie *mit* Ihrer Angst all das angehen, was Ihnen wichtig ist.

Sind Sie überzeugt, dass Sie soziale Situationen erst dann befriedigend erleben können, wenn Sie keine Angst vor anderen Menschen mehr haben? Meinen Sie, Sie müssten erst Ihre sozialen Ängste beseitigen, bevor Sie mit anderen erfolgreich Kontakt aufnehmen können? Gehören Sie zu jenen Personen, die es für eine Schwäche halten, Angst zu haben und ihre Furcht in der Öffentlichkeit nicht kontrollieren zu können? Dann ist es nur logisch, dass Sie sich ständig bemühen, Ihre Angst besser »in den Griff« zu bekommen, und sie zu beseitigen. Doch das funktioniert nicht.

Angst ist eine zutiefst menschliche Empfindung und überfällt uns in Situationen subjektiver Gefahr. Es ist daher ganz normal, in Situationen, die wir als bedrohlich einschätzen, Angst zu bekommen. Auch Menschen, die keine Angststörung haben, können im Umgang mit anderen dieselben Ängste haben wie Patienten mit einer sozialen Phobie. Gesunde Personen stellen sich oft ähnliche Fragen wie sozial ängstliche Menschen, z. B.: »Werde ich gut ankommen?«, »Wie wird es mir gehen, wenn mich die anderen kritisieren?«, »Soll ich meinen Auftritt nicht doch noch verschieben, bis ich mich besser präsentieren kann?«

Was meinen Sie: Wieso ist wohl die gleiche Reaktion einmal gesund und warum hat sie einmal Krankheitswert? Es sind nicht die Gedanken und Gefühle an sich, sondern vielmehr die *Problemlösungsversuche*, die den Unterschied ausmachen. Sozialphobische Personen neigen zu Flucht, Vermeidung, Unterdrückung und Ablenkung; sie sind daher vor allem mit der *Kontrolle* ihrer Angst beschäftigt und möchten erst dann tun, was sie sich wünschen, wenn sie keine Angst mehr haben. Gesunde Menschen lassen sich ihren Umgang mit anderen *nicht von ihren Befürchtungen diktieren;* sie tun trotz gewisser Ängste das, was ihnen in sozialen Situationen wichtig ist, denn sie haben die Entscheidung getroffen, dass sie im Kontakt mit anderen Menschen etwas Positives erleben und nicht einfach nur Negatives vermeiden möchten.

Zahlreiche psychologische Studien bestätigen übereinstimmend, dass Verdrängung das Gegenteil von dem bewirkt, was man erreichen möchte: Alle Gedanken, Vorstellungen und Gefühle, die Sie unterdrücken, verharren länger und stärker in Ihrem Bewusstsein. Das kostet viel Energie, die Ihnen dann bei der Umsetzung Ihrer Ziele fehlt. Wenn Sie in sozialen Situationen ständig gegen unangenehme körperliche und seelische Zustände sowie Ängste ankämpfen, beschränken Sie Ihr Leben auf die Kontrolle der letztlich unkontrollierbaren Gedanken und Gefühle. Sie verlieren dabei alles aus den Augen, was Ihnen wichtig ist. Weil Sie sich von Ihren Befürchtungen gefangen nehmen lassen und Sie ständig bemüht sind, die Angst zu beseitigen, kommen Sie gar nicht dazu, bedeutsame Sozialkontakte aufzunehmen. *Angstvermeidung ist Gefühls- und Erlebnisvermeidung.* Wenn Sie Angst machenden Situationen ausweichen, bringen Sie sich um die Chance bereichernder Erfahrungen.

Sind Sie bereit, sich auf neue oder unsichere Situationen einzulassen, weil Sie etwas Bestimmtes erreichen und erleben möchten? Sobald Sie dazu bereit sind, ist Angst nicht mehr das entscheidende Gefühl, das Ihr Erleben und Verhalten bestimmt und Sie zu Vermeidung oder Flucht drängt. Oder verfolgen Sie das irreale Ziel, im Umgang mit anderen völlig angstfrei sein zu wollen? Dann leben Sie nach dem schädlichen Motto: »Man muss sich bei allem, das im Leben gut ist, auch immer gut fühlen.« Sie kennen diese Ratschläge: »Don't worry, be happy«, »Sorge dich nicht, lebe«, »Denk positiv«, »Sei gelassen und locker.« Diese gut gemeinten Empfehlungen verursachen nur Stress und verstärken Ihr Gefühl der Unfähigkeit.

Aus innerer Unsicherheit Angst vor anderen Menschen zu haben, ist ganz normal und muss noch nichts mit psychischer Krankheit zu tun haben. Doch auch ganz normale Ängste können zu einer behandlungsbedürftigen sozialen Phobie werden, wenn immer wieder dieselben unwirksamen Problemlösungsversuche angewandt werden: wenn versucht wird, die Ängste zu kontrollieren und allen unangenehmen Empfindungen auszuweichen, anstatt sie zuzulassen und dadurch zu bewältigen. Gefühle wie Angst können nicht durch logische Analysen und großen Willenseinsatz »weggemacht« werden. Deshalb: Stellen Sie sich der Angst! Aber nicht, um sie unter Kontrolle zu bringen, auch nicht mit der Absicht, dass nach einiger Zeit der Konfrontation ein Gewöhnungseffekt (Fachausdruck *Habituation*) eintreten soll, sondern weil Ihnen ein bestimmtes Ziel wichtig ist.

Fällt es Ihnen schwer zu akzeptieren, dass Sie das Denken und Verhalten der anderen Menschen in Bezug auf Ihre Person nicht beeinflussen können? Macht es Ihnen zu schaffen, dass Sie nie wirklich wissen können, was die anderen über Sie denken? Sie können die Meinung anderer nicht kontrollieren und niemanden zwingen, Ihnen gegenüber wohlgesinnter zu sein. Nehmen Sie Ihre diesbezügliche Hilflosigkeit und Ohnmacht an, anstatt ständig auf andere einen guten Eindruck machen zu wollen. Sie bekommen dadurch mehr Energie, so zu handeln, wie es Ihren Zielen und Bedürfnissen entspricht.

Den Körper achtsam wahrnehmen: Beobachten Sie sich ohne Bewertung

Der Begriff *Achtsamkeit* (engl. *mindfulness*) kommt von der buddhistischen Meditationspraxis her und umfasst eine nicht analysierende, nicht beurteilende, bewusst annehmende Haltung gegenüber den eigenen inneren Reaktionen, die Lenkung der Aufmerksamkeit auf den gegenwärtigen Moment und das Nicht-Reagieren auf Gedanken und Gefühle (nichts erreichen und nichts bekämpfen wollen). Nehmen Sie Ihr ganzes Befinden (Gefühle, Gedanken, Vorstellungen, Erinnerungen, Befürchtungen, Impulse und körperliche Empfindungen) achtsam wahr, ohne es zu bewerten, und begrüßen Sie Ihre Gefühle, Gedanken, Empfindungen und Vorstellungen (»Da bist du also wieder, mein Herzrasen, mein Schwindel, meine Übelkeit, mein inneres Zittern, meine Furcht, meine Angst vor der Angst, mein Selbstzweifel, meine Traurigkeit, mein Ärger«). Versuchen Sie, Ihre körperlichen Symptome in sozialen Situationen bewusst wahrzunehmen, ohne sie verändern zu wollen. Schätzen Sie dabei Ihre Angst auf einer Skala von 0–10 ein (0 = keine Angst, 10 = maximale Angst). Beobachten Sie, wie die Angst kommt und geht, ohne dass Sie steuernd eingreifen müssen.

Die folgenden Achtsamkeitsübungen verringern Ihre Furcht vor körperlichen Angstsymptomen und fördern die Wahrnehmung Ihres Körpers. Wenn Sie in der Lage sind, sich ohne Panikreaktion Ihren Körpersymptomen zuzuwenden, können Sie sich auch leichter wieder von ihnen abwenden, anstatt durch sie anhaltend beunruhigt zu sein.

Richten Sie in einer sozialen Situation, in der Sie nicht in direktem Kontakt mit anderen Menschen stehen, Ihre ganze Aufmerksamkeit auf die Wahrnehmung Ihres aktuellen Befindens: Wie ist Ihre Atmung? Welche Empfindungen haben Sie in den verschiedenen Körperregionen? Was sehen, hören, spüren, riechen, schmecken, denken Sie gerade in diesem Moment? Bemerken Sie, wie sich Ihr Befinden von Augenblick zu Augenblick verändert? Verzichten Sie darauf, Ihr inneres Erleben in irgendeine Richtung beeinflussen und einen unerwünschten Ist-Zustand in einen erstrebenswerten Soll-Zustand umwandeln zu wollen. Achtsamkeit will nichts Bestimmtes erreichen, nicht einmal Entspannung (wenn innere Ruhe eintritt, ist dies genauso in Ordnung wie vermehrte Unruhe als Folge der ungewohnten Selbstzuwendung). Sie können Ihren Körper in seinem momentanen Zustand wahrnehmen, akzeptieren und sich anschließend anderen Menschen zuwenden, ohne sich vorher noch besser unter Kontrolle bringen zu müssen. Sie können Ihre Gedanken und Befürchtungen zulassen, ohne sie ändern zu müssen, bevor Sie mit anderen Menschen in Kontakt treten.

Für Menschen mit sozialen Ängsten sind die *Beobachtung der Atmung* (ohne Einflussnahme darauf) und die *Körperreise* (engl. *Body-Scan*) sehr hilfreich. Sie sollen bei dieser Übung, die Sie allein zu Hause durchführen, lernen, Ihren Körper ohne Bewertung einfach nur wahrzunehmen und zu spüren, ohne kontrollierend auf ihn einwirken zu wollen. Richten Sie Ihre ganze Aufmerksamkeit auf Ihren Körper, indem Sie der Reihe nach seine verschiedenen Bereiche achtsam wahrnehmen – ohne Bewertung und Vermeidung. Nehmen Sie die verschiedenen Stellen jedes Körperteils wahr und achten Sie auf Ihre momentanen Empfindungen: linker Fuß (Zehen, Sohle, Ferse) – linkes Bein (Unter- und Oberschenkel) – rechter Fuß (Zehen, Sohle, Ferse) – rechtes Bein (Unter- und Oberschenkel) – Becken und Gesäß – Rumpf (Bauch, unterer und oberer Rücken, Brust, Schultern) – Hände (Finger, Handinnenflächen, Handrücken, Handgelenke) – Arme (Unter- und Oberarme, Ellenbogen) – Nacken – Hals – Kopf (Gesicht, Stirn, Hinterkopf, Mund usw.).

Halten Sie in Ihrem Angst-Tagebuch Ihre Gedanken, Gefühle und körperlichen Empfindungen zu bestimmten Ereignissen und Umständen in wörtlicher Rede fest, zum Beispiel: »Ich befürchte eine Blamage beim nächsten Auftritt«, »Ich habe Angst vor dem Gespräch mit meinem Chef«, »Ich spüre den Druck auf der Brust, das starke Klopfen meines

Herzens, das flaue Gefühl im Magen, die Trockenheit meiner Kehle, den Drang meiner Blase.« Halten Sie auch fest, was Sie erreichen möchten: »Ich sage, was ich denke«, »Ich sage meine Meinung auch dann, wenn ich kritisiert werde«, »Ich verfolge mein Ziel trotz belastender Symptome, Gedanken und Gefühle.« Weil Sie nicht mehr gegen Ihr unangenehmes Befinden in sozialen Situationen ankämpfen, können Sie im Laufe der Zeit Ihre Aufmerksamkeit immer besser auf das richten, was Sie im Umgang mit anderen Menschen erreichen möchten.

Bilder sind nicht die Wirklichkeit: Schaffen Sie Abstand zu Ihren Gedanken und Vorstellungen

Gedanken sind nur Gedanken, Vorstellungen nur Vorstellungen, Gefühle nur Gefühle. Sie sind nicht die Wirklichkeit. Jede Angst lebt von »Was wäre, wenn …«-Gedanken: »Was wäre, wenn ich unangenehm auffallen oder abgelehnt würde?«, »Was wäre, wenn ich nicht schaffe, was ich mir vorgenommen habe?« Lassen Sie diese Gedanken und Vorstellungen zu, ohne sie mit der Realität gleichzusetzen, weil Sie sonst Ihren Körper ständig im Sinne einer Kampf-Flucht-Reaktion aktivieren und angespannt bleiben, da es keine Entwarnung geben kann. Vergegenwärtigen Sie sich, dass es sich um Ihre *inneren Bilder*, um bloße *Gedanken* und nicht um die *äußere Realität* handelt.

Es kostet viel Energie, sich stets von unangenehmen Gefühlen und Befürchtungen ablenken zu müssen und negative Gedanken zu unterdrücken. Akzeptieren Sie stattdessen Ihr Befinden. Treten Sie in eine beobachtende, nicht wertende Distanz zu Ihren Gedanken, Gefühlen und Empfindungen und lassen Sie auf achtsame Weise alles zu, was in Ihrem Geist und mit Ihrem Körper passiert. So ermöglichen Sie sich die Konzentration auf Ihre Werte und Lebensziele, die das Leben schöner machen.

Machen Sie sich immer wieder bewusst, dass Ihre Gedanken nicht »die Realität« sind. Treten Sie in eine gesunde Distanz zu Ihren Gedanken und Gefühlen. Wir sind oft viel zu sehr mit unseren Gedanken und Vorstellungen verschmolzen und fürchten uns dann vor dem, was wir uns im Geiste ausmalen. Wenn wir keinen Abstand zu unseren Gedanken und Gefühlen haben, sondern diese mit der Wirklichkeit verwechseln, bekommen unsere inneren Erlebnisse eine so große Macht über uns, dass wir ständig ein Kontrollverlustgefühl haben. Unterscheiden Sie also zwischen Ihren Gedanken und Gefühlen einerseits und der Realität andererseits. Nehmen Sie Ihre Symptome nicht so ernst, betrachten Sie Ihre Gedanken, Gefühle und körperlichen Empfindungen als vorübergehend. Sagen Sie sich: »Das sind nur meine momentanen Gedanken und Gefühle zu Beginn der Kontaktaufnahme mit anderen Menschen. Sie sind jetzt da und werden vorübergehen. Ich habe gerade diese Gedanken über die Wirklichkeit, aber sie sind nicht die Realität.«

Sie müssen nicht immer versuchen, »positiv« zu denken oder Ihre »falschen« Gedanken durch »richtige« zu ersetzen. Negative und unrealistische Gedanken an sich (»Ich bin ein Versager«, »Alle werden mich ablehnen«) sind nicht wirklich das Problem; sie führen erst dann zur Beeinträchtigung unseres Lebens, wenn wir sie für die Wahrheit halten und unser Leben danach ausrichten. Wenn bestimmte Gedanken, Gefühle und Empfindungen in bestimmten Situationen zur Belastung werden, geht es nicht darum, die jeweiligen Inhalte als falsch anzusehen, sondern zu den Gedanken als solchen eine innere Distanz zu schaffen: »Ich bemerke, wie ich durch die Identifizierung mit meinen momentanen Gedanken und Gefühlen Angst bekomme. Doch das sind nur Gedanken, nicht die Realität, das sind nur Gefühle, die vorübergehen werden.«

Werden Sie zum *distanzierten Beobachter Ihres inneren Erlebens*, ohne sich davon überwältigen zu lassen. Bleiben Sie nicht in Ihren Gedanken, Gefühlen und Empfindungen stecken, treten Sie vielmehr heraus und schauen Sie sich diese aus einer gewissen Distanz an – wie ein interessierter Beobachter oder eine Wissenschaftlerin. Sagen Sie sich: »Ich habe jetzt einen bestimmten Gedanken, aber ich bin nicht mein Gedanke. Ich und mein Gedanke sind nicht eins. Ich denke, das ist jetzt so, aber das ist nur mein momentaner Eindruck von der Realität.« Sagen Sie sich innerlich Ihre Gedanken ganz bewusst vor und schreiben Sie diese auch auf (zum Beispiel: »Die anderen werden mich kritisieren«, »Ich werde mich bestimmt blamieren«).

Lassen Sie Ihre Gedanken, Vorstellungen und Erinnerungen (in Bezug auf eine negative Erfahrung, eine gefürchtete Ablehnung oder eine drohende Panikattacke) zu, als wären Sie ein Zuschauer in einem Kino, und lassen Sie diese Bilder wie einen Film an sich vorüberziehen, ohne sich damit zu identifizieren und ohne sich in das Geschehen hineinzuversetzen. Beschreiben Sie auch Ihre momentanen Impulse (»Ich möchte am liebsten davonlaufen oder im Erdboden versinken«) und machen Sie die Erfahrung, dass Sie davon nicht überwältigt werden. Humor und über sich selbst lachen zu können, ist ebenfalls eine hilfreiche Dis-

116

tanzierungstechnik (zum Beispiel: »Ich lasse mich mal überraschen, welche Horrorvorstellungen mir gleich wieder kommen werden«).

Distanzierung vom momentanen Selbstbild: Nehmen Sie Bezug auf Ihre ganze Person

Jeder Mensch stellt sich die Fragen »Wer bin ich?« und »Was halten die anderen von mir?« Das Bild, das wir von uns selbst haben, besteht aus einer Fülle von positiven und negativen Aussagen, die wir im Laufe der Zeit aufgrund der Erfahrungen mit uns selbst und mit der Umwelt gemacht haben. Vervollständigen Sie rasch und spontan folgende Sätze: »Ich bin …«, »Ich bin nicht der Typ, der …«, »Ich habe schon immer …«, »Ich war noch nie …«, »Ich war auch früher schon …«, »Ich werde auch in Zukunft …«, »Es fällt mir schwer, …«, »Wenn ich vor neuen Situationen stehe, möchte ich am liebsten …«, »Drei typische Merkmale von mir sind ….«

Erstellen Sie eine *Hitliste der zehn häufigsten negativen Selbstaussagen*. Lassen Sie diese dann wie auf einem Monitor an Ihnen vorbeiziehen und gehen Sie dazu auf Distanz. Je mehr wir uns mit den Aussagen über uns selbst identifizieren, desto unveränderlicher ist unser Selbstbild und desto weniger offen sind wir für neue Sichtweisen, Erfahrungen und Verhaltensweisen. Wenn wir aber mit uns selbst und unserer Umwelt neue Erfahrungen machen, ermöglicht uns dies ein neues Selbstkonzept, das weitere Verhaltensmöglichkeiten eröffnet. So wie wir uns von unserem momentanen Befinden distanzieren können, ohne damit zu verschmelzen, können wir auch zu unserem aktuellen Selbstbild auf Abstand gehen.

Trennen Sie Ihr Selbst, Ihre Person als ganze, von Ihren gegenwärtigen Gedanken, Gefühlen und Erfahrungen. Wir sind mehr als das, was wir von uns halten. Wir sind mehr als unser momentanes Selbstkonzept und passen nicht auf Dauer in eine bestimmte Schublade oder Diagnosekategorie. Die Aussage »Ich bin ein ängstlicher Typ« legt unser weiteres Verhalten fest. Wir können nur auf Distanz zu unserem einengenden Selbstkonzept gehen, wenn wir uns selbst aus einer Beobachter-Perspektive betrachten.

Distanzierung vom momentanen Befinden:
Folgen Sie Ihren Werten und Zielen

Akzeptieren Sie in einem ersten Schritt Ihre biologisch gesteuerten Angstreaktionen, ohne dagegen anzukämpfen, und tun Sie in einem zweiten Schritt genau das, was Ihnen wichtig ist. Positiv denken allein reicht angesichts der Macht der körperlichen Symptome nicht aus. Sie müssen in positiver Weise *handeln*, das wird Sie trotz Ihrer Probleme erfolgreich machen.

Entscheiden Sie sich für bestimmte Werte und daraus abgeleitete Ziele im Leben. Die *Entscheidung für bestimmte Werte* (z. B. mehr soziale Aktivitäten, das Eintreten für die eigene Meinung) gibt unserem Leben die nötige Orientierung und ermöglicht uns eine gewisse Einflussnahme und Kontrollmöglichkeit. Unsere Gedanken, Gefühle und körperlichen Empfindungen haben wir dagegen oft nicht unter Kontrolle. Wenn wir unser Verhalten ausschließlich nach unserem Befinden steuern wollten, würde dies zu einer erheblichen Einschränkung unserer Handlungsmöglichkeiten führen. Wenn Angst machende Gedanken, unangenehme Gefühle und belastende körperliche Zustände die entscheidenden Ursachen für unser Handeln wären, würden wir, sobald es um ihre negative Ausprägung geht, ein starkes Vermeidungsverhalten und resignative Tendenzen entwickeln.

Werte zeigen uns, was unser Leben sinnvoll und lebenswert macht. Sie ermöglichen es, unser Verhalten an den aus ihnen abgeleiteten Lebenszielen auszurichten, unabhängig von unserem aktuellen Befinden. Es mag sein, dass wir unsere Ziele oft nicht optimal erreichen, dennoch bleiben unsere Werte als allgemeine Vorstellungen darüber, wie wir unser Leben gestalten wollen, bestehen.

Ein befriedigendes Leben erfordert mehr als die Beseitigung oder Linderung von sozialen Ängsten oder körperlichen Symptomen. Wir können oft weder unerwünschte Zustände wie irrationale Befürchtungen und unangenehme Körperempfindungen rasch und anhaltend überwinden noch angenehme Zustände wie Glück, Zufriedenheit oder Freude herbeiführen. Durch die Orientierung an unseren Werten und den daraus resultierenden Zielen können wir jedoch mehr Sinn in unser Leben bringen. Ein Leben im Einklang mit unseren Werten, mit dem, was uns »lieb und teuer« ist, ist auch dann möglich, wenn wir mit unserer körperlichen, seelischen und sozialen Befindlichkeit nicht zufrieden sind. Definieren Sie sich daher nicht nach Ihrem aktuellen Befinden (Gedanken,

Gefühlen, Empfindungen), sondern vielmehr nach dem, was Ihnen wichtig und wertvoll ist.

Wir fragen Sie also: Was sind Ihre *zentralen Werte, Ihre kurz-, mittel- und langfristigen Lebensziele?* Was motiviert Sie trotz Angst, Lustlosigkeit und körperlicher Beschwerden? Welche Werte sind Ihnen so hoch und heilig, welche Ziele so attraktiv, dass Sie sich vorstellen können, auch mit und trotz Angst zu handeln? Sind Sie wirklich bereit dazu, Ihre Ziele auch bei Angst und unangenehmen körperlichen Zuständen zu realisieren? Was könnten Sie schon jetzt und nicht erst nach Überwindung Ihrer sozialen Ängste in Angriff nehmen? Treffen Sie eine Entscheidung, welche Schritte zu einem besseren Leben im Umgang mit anderen Menschen Sie wann ganz konkret unternehmen möchten.

Handeln Sie schließlich engagiert entsprechend Ihren Wert- und Zielvorstellungen. Nehmen Sie sich das Versprechen ab und gehen Sie eine innere Verpflichtung (engl. *commitment*) ein, wie und wann Sie Ihre Ziele konsequent umsetzen werden. Wenn die bisherigen Werte ihre Bedeutung verlieren, entscheiden Sie sich für neue Werte und lohnenswertere Ziele. Sie können Ihre sozialen Ängste leichter überwinden, wenn Ihre Ziele attraktiv genug sind. Es geht nicht einfach darum, weniger Angst zu haben, sondern mehr Motivation und Einsatz für das zu entwickeln, was Ihnen etwas bedeutet. Konfrontieren Sie sich ohne Sicherheitsstrategien und ohne Vermeidungsverhalten mit allem, was Ihnen Angst macht, um besser damit umgehen zu lernen. Dabei können Sie folgenderweise vorgehen:

Gehen Sie zunächst auf Distanz zu Ihren Gedanken, Gefühlen, Empfindungen und Ihrem negativen Selbstbild und verknüpfen Sie sie dann mit Ihren wertegeleiteten Zielen und Verhaltensweisen – und zwar durch das Wort *und*. Sagen Sie sich z. B.: »Ich habe das Gefühl, dass mich die anderen beobachten, *und* ich tue jetzt das, was mir Spaß macht«, oder: »Ich denke, dass die anderen mich nicht mögen, *und* ich setze mich jetzt zu ihnen.« Aussagen wie »Ich reagiere in sozialen Situationen rasch mit Angst, *und* ich möchte in dieser Gruppe meine Meinung vertreten« oder »Ich fühle mich als Versager, *und* ich werde jetzt öffentlich auftreten« erweitern Ihren Handlungsspielraum. Innere *Selbstgespräche*, wie etwa: »Ich bin ein schüchterner Mann, *und* ich werde diese interessante Frau ansprechen« oder »Ich fühle mich als Frau unattraktiv, *und* ich lasse mich von diesem Mann zu einem Drink einladen« ermutigen Sie zu neuen Verhaltensweisen, die Ihr momentanes Selbstbild aufgrund der gemachten neuen Erfahrungen verändern werden: Sie können *einerseits* ängstlich sein und *andererseits* erfolgreich handeln.

Was würden Sie schon jetzt gerne tun, wenn Sie keine Furcht davor hätten? Menschen mit sozialen Ängsten möchten am liebsten erst dann handeln, wenn sie keine Angst mehr haben, doch dadurch machen sie sich von ihren momentanen Gefühlen und Empfindungen abhängig. Wir schlagen Ihnen einen anderen Weg vor: Lassen Sie einerseits Ihre Gedanken und Gefühle ohne Kontrollversuche zu, und handeln Sie andererseits so, wie es Ihnen wichtig ist – unabhängig von Ihrer seelischen und körperlichen Befindlichkeit.

Konfrontieren Sie sich regelmäßig mit einer gefürchteten Situation ohne jede Form der Ablenkung oder Vermeidung. Kämpfen Sie nicht gegen Ihre innere Befindlichkeit, sondern denken Sie an Ihre Ziele, deretwegen es sich lohnt, trotz Angst zu handeln. Es geht nicht darum, sich zuerst besser zu fühlen, um danach ein besseres Leben anfangen zu können, sondern darum, ein besseres Leben schon jetzt zu beginnen, obwohl Sie sich körperlich und emotional unwohl fühlen. Zustände wie Angst und unangenehme Körperempfindungen sind tolerierbare Hürden, wenn Ihnen ein Ziel wichtig ist. Kennen Sie Beispiele aus Ihrem Leben, wo Sie plötzlich Dinge umsetzen konnten, obwohl Sie vorher Angst davor hatten? Was glauben Sie, hat Ihnen in diesen Situationen am meisten geholfen, Ihre Ängste zu überwinden? Orientieren Sie sich daran – es wird Ihnen Mut und Selbstvertrauen geben.

Schritt 4 – Änderung der Denkmuster: Entwickeln Sie neue Sichtweisen

Achte auf deine Gedanken, denn sie werden Worte.
Achte auf deine Worte, denn sie werden Taten.
Achte auf deine Taten, denn sie werden Gewohnheiten.
Achte auf deine Gewohnheiten, denn sie werden dein Charakter.

TALMUD

Analysieren und ändern Sie Ihre schädlichen Denkmuster, die Ihr Wohl-befinden in sozialen Situationen beeinträchtigen. Entwickeln Sie realisti-sche Sichtweisen Ihrer Person und Ihrer Mitmenschen, die ein erfolgrei-ches Sozialverhalten erleichtern. Solange Sie Ihr schärfster Kritiker bleiben, werden Sie Angst haben, dass andere genau das denken könnten, was Sie schon längst über sich selbst denken. Unterstellen Sie anderen Menschen nicht so viele kritische Gedanken in Bezug auf Ihre Person, und Sie werden sich weniger vor ihnen fürchten. Überprüfen Sie Ihre Denkmuster und betrachten Sie diese nur als »Vor-Urteile«: als erste und vorläufige Eindrücke, die sich durch andere Sichtweisen und neue Erfah-rungen verändern lassen.

Negative Gedanken ändern, belastende Gefühle und Körpersymptome vermindern

Der *Grundgedanke der kognitiven Verhaltenstherapie* lautet: Die Art und Weise, wie Sie denken, beeinflusst die Art und Weise, wie Sie sich fühlen und wie Sie handeln. Unangenehme Gefühle und belastende Körper-symptome sind oft die Folge negativer Denkmuster. Ihre inneren Mono-loge oder Dialoge bestimmen, wie Sie sich in sozialen Situationen ver-halten. Analysieren Sie doch einmal in Ruhe, wie Sie durch Ihre Denkmuster Ihre Befindlichkeit im Sozialkontakt verschlimmern. Oft lassen sich störende Emotionen und Körpersymptome in bestimmten Situationen verhindern oder zumindest abschwächen, wenn Sie alterna-tive Denkmuster entwickeln, die Sie innerlich weniger aufwühlen. Er-

121

setzen Sie Ihre negativen inneren Dialoge durch hilfreichere Selbstgespräche.

Die Zusammenhänge zwischen Ihren Gedanken einerseits und Ihren Gefühlen und körperlichen Zuständen andererseits lassen sich mithilfe einer *Drei-Spalten-Technik* anschaulich darstellen. Beschreiben Sie in der linken Spalte die jeweilige Situation, in der mittleren Spalte die jeweiligen Gedanken und in der rechten Spalte die jeweiligen Gefühle und körperlichen Symptome.

Situation	Gedanken	Gefühle und Symptome
Löffel oder Tasse halten	Ich könnte zittern, und alle werden mich für nervenkrank halten.	zunehmende Angst und Anspannung
Ungeschicktes Verhalten	Ich habe mich blamiert und falle unangenehm auf.	Gefühl der Peinlichkeit und Erröten
Prüfung	Mir könnte das Gelernte nicht einfallen, ich werde durchfallen.	Nervosität, Herzrasen, Mundtrockenheit
...	...	...

Die folgenden *Fragen* sollen Ihnen Anregungen geben, wie Sie Ihre Denkmuster überprüfen und anschließend alternative Denkmuster entwickeln können:

- Wie ist die Faktenlage? Was sehen und hören Sie in einer bestimmten sozialen Situation wirklich und was sind nur Ihre Gedanken und Gefühle? Wie sehr entsprechen Ihre Annahmen den Tatsachen? Welche Beweise stützen Ihre Befürchtungen? Welche Argumente sprechen dagegen? Welche alternativen Sichtweisen sind möglich?
- Welche früheren Erfahrungen bestätigen Ihre Befürchtungen, welche widerlegen sie? Was wird realistischerweise am ehesten passieren? Sammeln Sie alle Für und Wider, alle Pro- und Kontra-Argumente für Ihre Sichtweisen.
- Wie sehr sind Sie davon überzeugt, dass Ihre Befürchtungen tatsächlich eintreten werden? Geben Sie zu jeder Ihrer Überzeugungen einen Prozentwert von 0 bis 100 Prozent an. Was könnte das Ausmaß Ihrer Überzeugung vermindern?
- Sind Ihre Überzeugungen stimmungsabhängig in dem Sinne, dass Sie in einem Stimmungstief viel negativer denken als sonst? Wie denken Sie an einem Tag, an dem Sie sich besser fühlen?
- Was ist das Schlimmste, das passieren könnte? Was bedeutet es für

Sie, wenn Sie in einer bestimmten Situation nicht so sind, wie Sie gerne sein möchten?

- Was hat Ihnen in der Vergangenheit geholfen, mit ähnlich schlimmen Situationen doch irgendwie zurechtzukommen? Mit welcher Unterstützung vonseiten wohlwollender Menschen können Sie rechnen?
- Wie hilfreich sind Ihre Sichtweisen? Welche Vorteile hat Ihr bisheriges Denken und Verhalten? Welche Nachteile und Folgen müssen Sie in Kauf nehmen, wenn Sie sozialen Situationen zunehmend ausweichen?
- Wie schaut Ihre Gewinn-Verlust-Rechnung aus? Was riskieren Sie, wenn Sie sich bestimmten sozialen Situationen stellen? Was können Sie gewinnen, wenn Sie diese Situationen trotz Angst aufsuchen?
- Treffen Sie aufgrund Ihrer Befürchtungen vorschnelle Schlussfolgerungen und Verallgemeinerungen? Konzentrieren Sie sich einseitig auf Ihre Schwächen, statt auch Ihre Stärken zu beachten? Neigen Sie zum Alles-oder-Nichts-Denken, zum Schwarz-Weiß-Denken?
- Erwarten Sie zu viel von sich und zu wenig von den anderen? Fühlen Sie sich schuldig für etwas, für das Sie gar nicht verantwortlich sind? Versuchen Sie Ihre Schwächen durch Perfektionismus auszugleichen?
- Was würden andere Menschen, etwa gute Bekannte, in Ihrer Situation denken und tun? Warum fällt es Ihnen so schwer, sich so zu verhalten, wie Sie dies anderen zutrauen?
- Was würden Sie über andere Menschen denken, bei denen Sie ähnliche Symptome sehen, die Sie bei sich fürchten? Was würde Ihre Umwelt über andere Personen denken, bei denen ähnliche Symptome wie bei Ihnen auftreten?
- Was würden Sie anderen Menschen, wie etwa guten Freunden, raten, die sich in derselben Situation wie Sie befinden? Wenn Sie für andere Leute gute Ratschläge parat haben, warum können Sie diese Tipps dann nicht auch für sich selbst nutzen?
- Fällt Ihnen auf, dass Sie mit zweierlei Maß messen: dass Sie anderen gegenüber viel milder urteilen als sich selbst gegenüber? Erlauben und verzeihen Sie anderen Menschen Fehler, die Sie selbst nicht begehen dürfen? Warum sind Sie anderen gegenüber milder gestimmt als sich selbst gegenüber?
- Wer sagt, dass Sie etwas in ganz bestimmter Weise tun *müssen* oder *sollen?* Sie selbst oder irgendwelche Instanzen in Ihnen oder außerhalb von Ihnen? Wer oder was gibt den Maßstab für Ihre laufenden Beurteilungen ab? Hinterfragen Sie doch einmal die Wertvorstellungen,

die Ihren Denkmustern zugrunde liegen, und gehen Sie dann dazu auf Distanz.

In Form von hilfreichen *Selbstgesprächen* können Sie Ihre Erkenntnisse gewinnbringend umsetzen: »Ich habe Angst, unangenehm aufzufallen, ich möchte jedoch die Chance nutzen, meine Meinung zu sagen«, »Ich fürchte mich vor Kritik, dadurch kann ich aber auch dazulernen«, »Ich weiß, ich nehme vorher stets das Schlimmste an, und hinterher geht es immer besser aus, als ich gedacht habe«, »Ich weiß, dass ich bei anderen nicht so kritisch bin wie bei mir selbst, daher darf ich auch einmal so sein wie die anderen«, »Am liebsten möchte ich es allen recht machen, aber da jeder anders denkt, mache ich es am besten so, wie ich es für gut befinde.«

Das negative Selbstbild ändern, neue Sichtweisen von anderen Menschen gewinnen

Ihre Vorstellung, was andere über Sie denken könnten, ist oft nichts anderes als das, was Sie über sich selbst denken. Je mehr Sie sich selbst kritisieren oder gar ablehnen, desto mehr fürchten Sie Kritik und Ablehnung vonseiten anderer Menschen. Wie können Sie eine positive Beurteilung erhoffen, wenn Sie an sich selbst kein gutes Haar lassen?

Verwenden Sie zur Aufdeckung dieser Zusammenhänge wiederum die *Drei-Spalten-Technik*. Notieren Sie in der linken Spalte, um welche Situation es sich handelt, in der mittleren Spalte, was Sie in dieser Situation über sich selbst denken, und in der rechten Spalte, was die anderen über Sie denken könnten. Sie werden verwundert sein über die jeweilige Übereinstimmung: Sie projizieren in die Köpfe der anderen genau das hinein, was Sie über sich selbst denken, und lesen es dann wieder heraus.

Situation	Gedanken über sich selbst	Gedanken der anderen über Sie
Kontaktaufnahme mit unbekannten Personen	Ich bin unattraktiv und unsympathisch.	Er/sie ist unattraktiv und unsympathisch.
Erbringung einer Leistung vor anderen	Ich bin dumm und unfähig.	Er/sie ist dumm und unfähig.
Verhalten in einer Gruppensituation	Ich verhalte mich peinlich.	Er/sie wirkt peinlich.
…	…	…

Machen Sie sich bewusst, dass Sie in vielen Situationen einfach nur unsicher sind, was Sie in Bezug auf sich selbst und Ihr Verhalten denken sollen. Sie halten dann in dieser Phase der Verunsicherung Ausschau nach positivem Feedback, um Ihre kritischen Gedanken über sich selbst zu relativieren oder zu entkräften. Auf diese Weise beeinträchtigen Sie jedoch Ihre Spontaneität, sodass Sie erst recht unsicher wirken.

Die Beziehung zu anderen Menschen können Sie am raschesten verändern, wenn Sie die *Beziehung zu sich selbst verändern*, das heißt, wenn Sie Ihre Denkmuster über sich selbst ändern. Sind Sie oft unsicher, was Sie sind und was Sie tun? Dann besteht die Gefahr, dass Sie von anderen ständig positive Rückmeldungen erwarten, um Ihr negatives Selbstbild zu korrigieren. Machen Sie sich bewusst, was Sie sind und was Sie nicht sind, und stehen Sie zu Ihrer Person und Ihrem So-Sein, dann fürchten Sie sich nicht mehr vor dem, was andere von Ihnen halten könnten, weil Sie nicht mehr auf deren Feedback angewiesen sind.

Führen Sie aufbauende *Selbstgespräche:* »Ich kenne mich selbst am besten und weiß daher über meine Stärken und Schwächen genau Bescheid. Ich stehe zu meinen Schwächen, daher muss ich mich nicht davor fürchten, dass die anderen sie entdecken könnten«, »Ich weiß, dass ich eine bestimmte Kritik der anderen vor allem deswegen fürchte, weil ich mich diesbezüglich selbst am meisten kritisiere.«

Unzutreffende Unterstellungen ändern: Trauen Sie anderen Menschen positivere Sichtweisen über Sie zu

Ihre falschen Annahmen, was andere über Sie denken könnten, machen Sie ängstlich und unsicher. Die Identifizierung und Änderung dieser verzerrten Sichtweisen gelingt am schnellsten mithilfe der bereits bekannten *Drei-Spalten-Technik*. Beschreiben Sie in der linken Spalte die jeweilige Situation, identifizieren Sie in der mittleren Spalte die Art der negativen Gedanken, die Sie oft automatisch und vorschnell anderen Menschen unterstellen, ohne dass Ihnen dies bewusst auffällt, und formulieren Sie in der rechten Spalte alternative, hilfreichere Sichtweisen bezüglich der Gedanken anderer über Ihre Person.

Situation	Unterstellte Gedanken	Alternative Gedanken
Vortrag	Die Referentin ist sehr nervös und daher ein unsicherer und inkompetenter Mensch.	Die Referentin wirkt zwar etwas nervös, ist aber fachlich durchaus kompetent.
Eine attraktive Frau ansprechen	Dieser Mann ist schüchtern und gehemmt und für jedes längere Gespräch uninteressant.	Dieser Mann ist zwar etwas schüchtern, kann aber gut zuhören und wird nach einiger Zeit schon lockerer werden.
Die eigene Meinung sagen	Das ist ja völliger Blödsinn, was der von sich gibt.	Das mag zwar eine Minderheitenmeinung sein, ist es aber durchaus wert, darüber nachzudenken.
...	...	...

Es geht nicht darum, den anderen stets positive Absichten und Gedanken zu unterstellen, sondern darum, Ihre Befürchtungen, was Ihre Mitmenschen über Sie denken könnten, zu relativieren, indem Sie auch andere mögliche Sichtweisen berücksichtigen.

Verzerrte Denkmuster vor, in und nach sozialen Situationen ändern: Sehen Sie soziale Ereignisse realistischer

Vor sozialen Begegnungen entwickeln Sie aufgrund Ihrer Denkmuster oft bestimmte Erwartungsängste. *Im* unmittelbaren Kontakt mit anderen treffen Sie häufig falsche Bewertungen, die Sie unsicher und ängstlich machen. *Nach* sozialen Situationen grübeln Sie unentwegt in negativer Weise, warum etwas schiefgelaufen ist, und können aufgrund selbstkritischer Verarbeitung des Erlebten nicht abschalten und nicht zur Ruhe kommen.

Analysieren und relativieren Sie mithilfe der *Drei-Spalten-Technik* Ihre verzerrten Denkmuster vor, in und nach sozialen Situationen. Es wirkt entlastend, wenn Sie einzelne Gedanken einem ganz bestimmten Denkmuster zuordnen können, weil Sie dann leichter dazu in Distanz treten können. Kommentieren Sie Ihr Verhalten durch hilfreiche *Selbstgespräche*, z. B.: »Ich bin schon wieder beim Gedankenlesen«, »Ich spiele gerade Wahrsager, ohne tatsächlich Genaueres zu wissen«, »Ich neige gerade zur Verallgemeinerung«, »Ich beziehe schon wieder alles in negativer Weise auf mich«, »Ich fühle mich schon wieder an allem Unheil schuldig«, »Ich halte meine Befürchtungen gerade für die Realität.«

126

Verzerrte Denkmuster	Beispiel	Alternative Sichtweise
Gedankenlesen (anderen Menschen bestimmte Gedanken unterstellen)	Die anderen werden sich über schüchterne Menschen wie mich sicher lustig machen.	Die anderen bemerken vielleicht meine anfängliche Unsicherheit, sehen später aber auch meine Qualitäten.
Vorhersagen (mit der Gefahr von sich selbst erfüllenden Prophezeiungen)	Ich werde bestimmt rot und verlegen, wenn mich eine Frau anspricht.	Ich werde im Kontakt mit einer Frau anfangs zwar aufgeregt sein, dann aber doch ganz gut mit ihr reden können.
Katastrophisieren (den schlimmstmöglichen Ausgang annehmen)	Ich werde bei der Prüfung sicher durchfallen und die Ausbildung nicht schaffen.	Die Prüfung kann schwer werden, ich kann sie aber dennoch im ersten Anlauf schaffen.
Emotionale Beweisführung (Gefühle mit der Wirklichkeit gleichsetzen)	Ich fühle mich in dieser Gruppe unwohl und passe nicht dazu.	Ich bin zwar sehr angespannt, habe aber dennoch ganz guten Kontakt zu einigen Gruppenmitgliedern.
Verallgemeinerung (Einzelfälle generalisieren)	Weil ich das nicht weiß, werden mich die anderen für dumm halten.	Ich weiß das zwar nicht, dafür kenne ich mich aber in anderen Gebieten gut aus.
Personalisierung (alles in negativer Weise auf sich beziehen)	Weil bei meinem Vortrag jemand schläft, spreche ich einschläfernd.	Ein Zuhörer kann bei meinem Vortrag schlafen, ohne dass dies mit mir etwas zu tun hat.
Abwertung positiver Erfahrungen (Erfolge abschwächen oder entwerten)	Sie loben mich zwar, weil sie mich aufbauen wollen, aber eigentlich war ich unmöglich.	Ich bin überrascht, dass ich so gut angekommen bin, was ich nicht erwartet hatte.
Schuld auf sich nehmen (sich für alles verantwortlich fühlen und die alleinige Schuld auf sich nehmen)	Weil an meiner Arbeitsstelle etwas nicht geklappt hat, war dies nur meine Schuld.	Nicht nur ich, auch die anderen haben übersehen, wie man diesen Fehler hätte vermeiden können.
Abwertung und Beschimpfung (sich negativ etikettieren)	Ich bin unfähig, dumm, unsympathisch, unattraktiv.	Anfangs tue ich mich schwerer als andere und werde leicht unterschätzt, aber im Laufe der Zeit taue ich auf.
Wunschdenken (irreale Fantasien wirken handlungsblockierend)	Wenn ich gescheiter, attraktiver und sympathischer wäre, hätte ich mehr Freunde.	Wegen meiner zurückhaltenden Art habe ich derzeit zwar nur einen kleinen, dafür aber guten Freundeskreis.

Sie wissen es schon: Gemäß der kognitiven Verhaltenstherapie lösen negative Denkmuster negative Gefühle aus. Es kann aber auch umgekehrt sein: Gefühle wie spontane Angst oder depressive Befindlichkeitsschwankungen können negative Gedanken erzeugen, die aber von allein verschwinden, wenn sich die Emotionen beruhigt und die Stimmungen gelegt haben. Lassen Sie daher Ihre momentanen Gefühle zu, ohne sich von ihnen leiten zu lassen.

Nach dem Konzept der Achtsamkeit, das wir bei Schritt 3 dargestellt haben, reicht es in konkreten Situationen zunächst völlig aus, Ihre momentanen Gefühle und verzerrten Denkmuster wahrzunehmen und zu ihnen in kritische Distanz zu treten, ohne deswegen gleich Ihre belastenden Gefühle beseitigen und Ihre Denkmuster korrigieren zu müssen. Das Gefühl der Angst, dass etwas passieren könnte, bedeutet noch nicht, dass das Befürchtete tatsächlich eintreten muss. Anfängliche Schüchternheit darf ebenfalls vorhanden sein, ohne dass Sie sich deswegen gleich vor einer Handlungsblockade fürchten müssen. Lassen Sie unangenehme Gefühle zu, ohne unbedingt positiv denken zu müssen.

Langfristig ist es jedoch durchaus von Vorteil, Ihre verzerrten Denkmuster zugunsten alternativer Sichtweisen umzustrukturieren und diese in Form hilfreicher Selbstgespräche zur positiven Veränderung zu nutzen. Auf diese Weise wird die Gefahr vermindert, dass Sie in sozialen Situationen ständig von schädlichen Gedanken überfallen werden. Es geht dabei nicht darum, dass Sie immer »richtig« denken müssen, um sich im Umgang mit anderen Menschen wohler zu fühlen, denn der Zwang zum realitätsbezogenen Denken kann in sozialen Situationen eine große Belastung darstellen. Vielmehr sollen Sie durch die Entwicklung alternativer Sichtweisen im Rahmen dieser »kognitiven Selbsttherapie« in konkreten Situationen zukünftig mehr Wahlmöglichkeiten zur Verfügung haben, um die Einengung auf bestimmte Denkweisen unter sozialem Stress zu überwinden oder zu vermeiden.

Verzicht auf Perfektionismus: Vermeiden Sie die Überkompensation realer und vermeintlicher Schwächen

Aus Angst vor Fehlern, Kritik und Ablehnung neigen viele von uns dazu, alles perfekt machen zu wollen. Lernen Sie, Unsicherheit besser zu ertragen und im Vertrauen auf Ihre Fähigkeiten zu handeln, ohne alles fehlerfrei machen zu wollen. Ein gewisses Restrisiko, Fehler zu begehen, bleibt immer bestehen. Tun Sie alles, um die Erfolgswahrscheinlichkeit zu maximieren, anstatt aus Angst vor Kritik jedes Restrisiko ausschalten zu wollen.

Es kostet Sie einen hohen Preis, wenn Sie sich durch Perfektionismus unangreifbar machen möchten. Gestehen Sie sich einmal einen Fehler ein, ohne ihn überspielen zu wollen, dramatisieren Sie ihn jedoch nicht. Bleiben Sie trotz eines Fehlers in der Situation und bei der jeweiligen Aufgabenstellung, ohne aufzugeben. Sehen Sie Fehler als Chance, etwas dazuzulernen, um es bei der nächsten Gelegenheit besser zu machen. Bedanken Sie sich für entsprechende Hinweise und fachliche Kritik, anstatt sich darüber zu ärgern, dass Ihr Fehler aufgefallen ist. Zeigen Sie Mut zur Schwäche und begehen Sie absichtlich einmal einen kleinen Fehler, um mit Ihrer Angst vor Blamage und Kritik besser umgehen zu lernen. Sie werden überrascht sein: Entweder bemerkt kein Mensch Ihren Fehler oder die Kritik fällt gar nicht so schlimm aus, wie Sie gefürchtet haben.

Können Sie sich vorstellen, dass andere Sie trotz oder gerade wegen Ihrer kleinen Fehler und Schwächen liebenswürdig finden? Glauben Sie wirklich, dass Sie beliebter werden, wenn Sie überehrgeizig alles perfekt machen? Kleine Fehler machen Sie menschlich und sympathisch und verhindern eine ungesunde Konkurrenz mit anderen.

Gefühle sind nicht die Wirklichkeit: Sie sind besser, als Sie sich fühlen

Orientieren Sie sich im Umgang mit anderen Menschen einseitig an Ihren negativen Gefühlen? Meinen Sie, dass Sie bei einem Auftritt »schlecht« waren, weil Sie sich dabei schlecht gefühlt haben? Fällt es Ihnen schwer, den anderen zu glauben, dass Sie besser waren, als Sie sich selbst erlebt haben? Sie wissen es schon: Sozial ängstliche Menschen neigen dazu, sich ausschließlich nach ihren negativen Gefühlen zu beurteilen. Sie machen keinen Unterschied zwischen ihrem inneren Erleben und der äußeren Wirkung und glauben, dass sie von den anderen so wahrgenommen werden, wie sie sich fühlen. Sie setzen fälschlicherweise ihre Gefühle mit der Realität gleich und fürchten sich dann vor der Reaktion der anderen.

Denken Sie daran: Sie können sich körperlich und seelisch sehr angespannt fühlen und dennoch fachlich gut sein. Wenn Sie sich vor einer Prüfung fürchten, muss weder die Prüfung besonders schwer noch der Prüfer unangenehm sein, wenngleich es auch einmal so sein kann. Wenn Sie als Mann bei einem Date mit einer Frau aufgeregt waren, können Sie dennoch einen guten Eindruck gemacht haben. Wenn Sie sich als Frau nicht attraktiv fühlen, können Sie auf einen Mann dennoch anziehend wirken. Akzeptieren Sie den Umstand, dass Sie unter großem sozialen Stress von unkontrollierbaren Gefühlen gesteuert werden, nicht klar denken können und dann anfällig sind für Trugschlüsse und Fehlurteile über die soziale Realität.

Trainieren Sie in Form von Selbstgesprächen, besser mit der falschen Gleichsetzung von innerem Gefühl und äußerem Eindruck zurechtzukommen, indem Sie sich z. B. sagen: »Ich kann nach außen hin ruhig wirken, auch wenn ich mich innerlich aufgeregt fühle«, »Auch wenn ich mich schlecht fühle, kann ich bei anderen einen guten Eindruck hinterlassen«, »Ich kann innerlich sehr angespannt sein und dennoch das Beste geben«, »Ich kann als Mann einer Frau gegenüber nervös sein und dennoch gut bei ihr ankommen.«

Besinnung auf die eigenen Werte und Rechte: Auch für Sie gelten die Menschenrechte!

Überprüfen Sie Ihre Wertmaßstäbe, die Einfluss auf Ihre sozialen Ängste haben:

- Was sind die zentralen Werte Ihres Lebens? Zählen Sie die drei wichtigsten in der Reihenfolge ihrer Bedeutung für Sie auf.
- Was ist Ihnen wichtig, unabhängig davon, was andere darüber denken?
- Was sind Ihre zentralen Wertmaßstäbe zur Beurteilung Ihrer Leistungen?
- Was macht den Wert Ihrer Person aus? Wie sehr hängt Ihr Selbstwertgefühl von Ihren Leistungen ab?
- Können Sie dazu stehen, dass Ihnen bestimmte Dinge einfach nicht liegen und Ihnen auch nicht wichtig genug sind, sie zu lernen, obwohl viele andere über diese Fertigkeiten verfügen?
- Können Sie kleinere Fehler, peinliches Verhalten und Misserfolge akzeptieren und sich weiterhin als wertvoller und fähiger Mensch betrachten? Was bedeutet es für Sie, Fehler zu begehen und Misserfolge zu erleben?
- Wie schlimm ist es für Sie, wenn Sie von den vermuteten Wertmaßstäben der Umwelt abweichen? Wären Sie dann ein Versager, wenn Sie die Zielvorgaben der anderen nicht erfüllen könnten?

- Wie sehr ist Ihr Selbstwertgefühl vom Vergleich mit anderen Menschen abhängig? Welche Werte der anderen, die eigentlich nicht Ihre Wertvorstellungen sind, versuchen Sie im Zuge der sozialen Anpassung zu übernehmen?
- Welche Rechte folgen aus Ihren Wertvorstellungen? Immer weniger Rechte für sich selbst und immer mehr Pflichtgefühl und Einsatzbereitschaft für andere?

Fällt es Ihnen aufgrund Ihrer sozialen, am Wohl der anderen Menschen orientierten Einstellung schwer, Ihre eigenen Rechte zu definieren und einzufordern? Sie kennen doch die Menschenrechte, die die Vereinten Nationen (UNO) 1948 verkündet haben. Besinnen Sie sich auf Ihre persönlichen Grundrechte im Umgang mit anderen Menschen und formulieren Sie die wichtigsten davon in Form von hilfreichen *Selbstgesprächen*, etwa folgendermaßen:

Ich habe das Recht,
- meine Meinungen offen zu vertreten, auch wenn sie falsch sein sollten,
- meine persönlichen Gefühle zu haben und mitzuteilen, auch wenn sie von anderen Menschen nicht verstanden und nicht geteilt werden,
- auf mein Wohlergehen und meine Bedürfnisse zu achten, auch wenn dies anderen Menschen nicht immer gefällt,
- nach eigenem Gutdünken zu leben, ohne mich rechtfertigen zu müssen, solange ich dabei nicht die Rechte anderer verletze,
- neue Erfahrungen zu machen, auch wenn ich dabei Fehler begehe,
- mit Respekt und Würde behandelt zu werden, auch wenn ich Schwächen habe,
- andere um Unterstützung zu bitten, auch wenn ich etwas alleine schaffen könnte,
- Nein zu sagen, ohne mich schuldig zu fühlen und unnötig viele Begründungen dafür angeben zu müssen.

Vertreten Sie erfolgreich Ihre Rechte, ohne dabei die Rechte der anderen einzuschränken. Wenn Sie umgekehrt anderen Menschen bestimmte Grundrechte zugestehen, werden Sie bald weniger soziale Ängste haben, weil Sie sich damit eine heilsame Ohnmacht eingestehen:
- Der andere hat das Recht, mich nicht zu mögen, auch wenn ich mich ihm gegenüber wohlwollend verhalte habe.
- Der andere darf mich kritisieren, auch wenn ich seine Kritik nicht teile und unberechtigt finde.

- Der andere hat das Recht auf seine freie Meinung und darf denken über mich, was er will, auch wenn es mir nicht gefällt.
- Der andere darf hinter meinem Rücken sagen, was er will, auch wenn ich mich dann nicht verteidigen kann.

Schritt 5 – Mentales Training: Lernen Sie, soziale Situationen in der Vorstellung zu bewältigen

Nicht der Wille ist der Antrieb unseres Handelns, sondern die Vorstellungskraft.

ÉMILE COUÉ

Wenn Sie die Ernstsituation fürchten, können Sie den besseren Umgang mit sozialen Situationen vorerst einmal in der Vorstellung trainieren. Imaginationstechniken sind hilfreiche Vorbereitungen auf das spätere Handeln. Stellen Sie sich möglichst plastisch vor, wie Sie soziale Situationen erfolgreich bewältigen. Mentales Training ist erfolgsorientiert ausgerichtet. Sie sollten es nicht im Sinne eines Sicherheitsverhaltens verwenden, um mögliche Fehler zu vermindern oder Peinlichkeiten besser überspielen zu lernen. Sie können es aber nutzen, um mit Ihren schlimmsten Horrorfantasien besser zurechtzukommen.

Soziale Erfolge visualisieren: Nutzen Sie die Kraft der Fantasie

Unser Gehirn reagiert auf intensive bildhafte Vorstellungen, wie etwa imaginierte Gefahrensituationen, in derselben Weise mit einer massiven körperlichen Aktivierung wie auf die Wahrnehmung der äußeren Realität. Viele Menschen mit Ängsten haben eine besonders bildhafte Vorstellungsfähigkeit, mit allen Vorteilen, aber auch Nachteilen. Kritisch ist daran, dass sie sich alles Mögliche »einbilden« und ständig mit einem »Kino im Kopf« leben. Ihre Erwartungsängste verhindern, dass sie neue Erfahrungen machen und es wagen, sich in unsichere Situationen zu begeben.

Sie können die Eigenart des Gehirns auch zur Bewältigung Ihrer Ängste einsetzen: Ebenso wie Ihre Misserfolge entstehen auch Ihre Erfolge zuerst im Kopf. Ergreifen Sie die Chance, nutzen Sie Ihre Fantasie zu positiven mentalen Lösungen, anstatt immer wieder nur neue Ängste zu entwickeln. Indem Sie sich neue Inhalte ausdenken, können Sie bildhafte Vorstellungen schneller und leichter ändern als Einstellungen, Gefühle und Verhaltensweisen. Gestalten Sie wie ein Regisseur Ihren inneren Film über gefürchtete Situationen und führen Sie ihn zu einem erfolgreichen Ende, anstatt sich von den negativen Vorstellungsbildern quälen zu lassen.

Mentales Training ist Handeln auf Probe in der Vorstellung. Es ist eine Art Selbsthypnose, Sie befinden sich dabei »wie in Trance«. Üben Sie neue Bewältigungsstrategien im Kopf ein und spielen Sie verschiedene Situationen Schritt für Schritt durch. Stellen Sie sich möglichst plastisch vor, wie Sie im Umgang mit anderen Menschen erfolgreich handeln. Prägen Sie sich diese mentalen Erfahrungen intensiv ein, dann werden diese Bilder später aus dem Gedächtnis und aus dem Unterbewussten heraus wie tatsächliche Erinnerungen an Ihre Erfolge wirken. Setzen Sie schließlich die mental trainierten Fähigkeiten in der Realität gezielt ein, ähnlich wie Spitzensportler dies tun.

Mentales Training ist das Gegenteil dessen, was Angstpatienten gewöhnlich tun: Statt wegzulaufen oder sich mit allen möglichen Tricks abzulenken, lassen Sie sich durch das Imaginieren bewusst auf Ihre Angst und die gefürchteten Situationen ein. Sie werden an den Erfolg Ihrer Bemühungen umso eher glauben, je mehr Sie ihn in Ihrer bildhaften Vorstellung bereits vorweggenommen haben. »Ein Bild sagt mehr als tausend Worte« – je anschaulicher Sie sich die Verwirklichung Ihrer Ziele vorstellen können, desto motivierter werden Sie daran arbeiten.

Nutzen Sie Ihre Einbildungskraft – die Macht der Fantasie – zur Bewältigung jener Probleme, die Sie durch eben jene Fantasie hervorgerufen haben. Entwickeln Sie hilfreiche Vorstellungsbilder und lebendig-plastische Szenen, wie Sie in jenen Situationen erfolgreich handeln, auf die Sie sich momentan noch nicht einlassen können. Stellen Sie sich bestimmte Situationen konkret vor und verwenden Sie dabei alle Sinne: Was sehen Sie? Was hören Sie? Was spüren Sie? Was riechen Sie? Lassen Sie Ihren inneren Film zuerst einmal so ablaufen, dass Sie sich als Beobachter jener Szene erleben, in der Sie auftreten. Sie sehen sich also selbst im Bild, wie Sie erfolgreich handeln. Spielen Sie danach den Film in Ihrem Kopf erneut durch, als würden Sie alles gerade erleben. Sie sehen sich selbst dabei nicht im Bild, weil Sie ganz in der Szene aufgehen. Es ist von entscheidender Bedeutung, dass Sie sich Ihr Kontaktproblem als bereits überwunden vorstellen können. Positives Denken nach dem Motto »Es wird schon gut gehen« reicht einfach nicht angesichts der Angst machenden Vorstellungen.

Mentales Training stellt eine wichtige Ergänzung Ihrer positiven inneren Dialoge dar, die über die Sprache erfolgen. Lebhafte Vorstellungsbilder vom Gelingen sozialer Kontakte stärken Ihren Glauben, dass dies in der Realität tatsächlich möglich sein wird. Malen Sie sich im Zeitlupentempo den Weg zum Erfolg aus. Der berühmte amerikanische Hypnotherapeut Milton H. Erickson versetzte seine Patienten gerne in die Zukunft, und zwar in jene Zeit, in der sie ihre Probleme bereits gelöst hatten, und ließ sie dann von diesem Zeitpunkt aus zurückblicken und erzählen, wie sie zum Erfolg gelangt waren.

Ein mentales Training bei Vortragsangst könnte – kurz gefasst – etwa so ablaufen: Schließen Sie die Augen und stellen Sie sich vor, zu welchem Thema und wo Sie einen Vortrag halten werden. Sie gehen nun den Weg zum Vortragssaal und vergegenwärtigen sich, dass Sie sich gut vorbereitet haben und fachlich kompetent sind. Sie betreten den Raum, kontrollieren die technischen Hilfsmittel, gehen zum Rednerpunkt und blicken in den Saal. Sie sehen die Anwesenden, spüren den Druck ihrer Erwartungen, das Klopfen des Herzens, ein kurzes Schwindelgefühl, ein flaues Gefühl im Magen und eine leichte Mundtrockenheit. Sie kämpfen nicht gegen Ihre körperlichen Zustände an, sondern lassen diese zu als ganz normalen Ausdruck Ihres Lampenfiebers. Sie sind sich sicher, dass Sie etwas zu sagen haben, das die Zuhörer interessieren wird, gestehen sich gleichzeitig eine gewisse Unsicherheit zu, ob Sie auch gut ankommen werden. Sie blicken vom Rednerpult aus in die Menge und sprechen durch das Mikrofon: »Guten Abend, sehr geehrte Damen und Herren. Ich freue mich, dass Sie zu meinem Vortrag so zahlreich erschienen sind.« Dann beginnen Sie mit Ihrem Vortrag. Am Ende antworten Sie auf einige Verständnisfragen und nehmen kritische Reaktionen einiger Zuhörer zur Kenntnis, mit denen Sie gerechnet haben, weil Sie ganz bewusst pointierte Stellungnahmen abgegeben haben.

Nutzen Sie die Möglichkeiten des mentalen Trainings auch für andere Situationen, wie etwa vor Prüfungen, Bewerbungsgesprächen, Beschwerden in Geschäften und Kontaktaufnahmen mit dem anderen Geschlecht. Stellen Sie sich dabei vor, wie Sie möglichst zielgerichtet handeln, ohne Unsicherheit oder unangenehme körperliche Symptome zu unterdrücken. Entwickeln Sie aber kein starres Drehbuch, nach dem in der Realität alles ganz genauso ablaufen muss, denn das wäre keine hilfreiche mentale Vorbereitung, sondern eine Angst vermeidende Sicherheitsstrategie.

Mentales Training können Sie vor sozialen Situationen auch dazu verwenden, sich möglichst lebhaft an Ihre bisherigen Erfolge zu erinnern.

Lassen Sie einen *Erfolgsfilm* aus der Vergangenheit vor Ihrem inneren Auge ablaufen, als würden Sie die Ereignisse erneut erleben. Auf diese Weise spüren Sie ganz deutlich Ihre Fähigkeiten, die Sie früher erfolgreich einsetzen konnten, und gewinnen wieder Vertrauen in Ihre Stärken. Selbst aus Ihren Misserfolgen können Sie durch mentales Training etwas lernen. Vergegenwärtigen Sie sich einmal eine negative Erfahrung, wenden Sie dann jedoch in der Vorstellung Ihre an sich vorhandenen Fähigkeiten und mittlerweile gewonnenen Erkenntnisse zur besseren Bewältigung dieser Situation an und entwickeln Sie einen positiven Ausgang dieser Szene. Auf diese Weise sind Sie für eine ähnliche Situation in der Zukunft gut vorbereitet.

Mentale Konfrontation mit dem Schlimmsten: Lernen Sie, mit Horrorfantasien umzugehen

Angstvorstellungen laufen immer nach dem Motto ab: »Was wäre, wenn ...« Bei Menschen mit sozialen Ängsten dreht sich alles um Peinlichkeit, Blamage, Kritik, Fehler, Misserfolg, Versagen und Ablehnung. Angesichts der plastisch-lebhaften Fantasien ist es schwierig, sich einen positiven Ausgang vorzustellen, da er nicht so konkret erscheint wie die gefürchtete Katastrophe. Akzeptieren Sie vorerst einmal Ihre Katastrophenfantasien, ohne sie zu unterdrücken, weil dies viel Energie erfordert, die Ihnen dann bei der Bewältigung möglicher Probleme abgeht. Spielen Sie Ihre schlimmsten Befürchtungen bis zum Ende durch, ohne sich dabei abzulenken. Was könnte passieren, das auf keinen Fall geschehen darf? Was wäre das Schlimmste, die größte Katastrophe? Wie können Sie die gefürchteten *Worst-Case-Szenarien* überstehen? Was könnten Sie tun, wenn die schlimmsten Befürchtungen tatsächlich eintreffen? Entwickeln Sie mehrere Varianten, wie Sie nach Blamage, Kritik, Versagen und Ablehnung weiterleben können. Es geht immer irgendwie weiter – das *Wie* hängt auch von Ihnen und Ihrem Vorstellungsvermögen ab.

Entwickeln Sie das schlimmste Horrorszenario, das Sie sich sonst nicht vorzustellen wagen. Vergegenwärtigen Sie sich die schlimmstmöglichen Folgen, um das bewältigen zu lernen, was Sie sie sich in der Realität derzeit nicht zutrauen. Bleiben Sie dabei mental ganz bewusst für einen längeren Zeitraum als sonst in der Angstsituation und stellen Sie sich neben Ihrem eigenen Verhalten auch die gefürchteten Reaktionen der anderen Menschen ganz anschaulich vor. Welche Reaktionen fürchten Sie am meisten? Was würde es für Sie bedeuten, wenn sich die anderen Ihnen gegenüber tatsächlich so verhalten würden? Auf diese Weise lernen Sie zu erkennen, was Sie in der Realität am liebsten vermeiden möchten. Fragen Sie sich dann abschließend, wie realistisch das von Ihnen visualisierte Katastrophenszenario tatsächlich ist. Wenn Sie auf diese Weise totales Versagen ebenso vorweg tolerieren gelernt haben wie kleinere Fehler, wird es Ihnen leichter gelingen, sich auf die tatsächliche Situation einzulassen, ohne gleich ständig an das Schlimmste denken zu müssen.

Bildhafte Vorstellungen über eine abschreckende Zukunft können Sie auch dazu nutzen, um Ihr Verhalten zu ändern. Wie würde Ihr Leben weitergehen, wenn Sie sich nicht änderten? Lassen Sie innerlich einen Film ablaufen, der zeigt, wie es Ihnen ganz konkret in einem, in fünf und in zehn Jahren gehen wird, wenn Sie so bleiben wie bisher. Wohin werden Ihre Versagens- und Kontaktängste führen? Worauf müssen Sie verzichten? Welche Lebensträume bleiben unerfüllt? Können Sie dazu stehen? Eine derartige Visualisierung der Folgen Ihres gegenwärtigen Verhaltens kann Ihnen helfen, die Entscheidung zu einer Veränderung zu treffen und konkrete Ziele für eine bessere Zukunft zu entwickeln.

Schritt 6 – Abbau von Sicherheitsverhalten: Verlassen Sie sich auf sich selbst statt auf Tricks

Nicht, weil die Dinge unerreichbar sind,
wagen wir sie nicht – weil wir sie
nicht wagen, bleiben sie unerreichbar.
SENECA

Verzichten Sie im Laufe der Zeit auf alle Sicherheitsmaßnahmen. Sie werden dadurch erfahren, dass soziale Situationen nicht so gefährlich sind, wie Sie befürchtet haben. Lassen Sie sich auf andere Menschen ein, ohne Ihre momentane seelische und körperliche Befindlichkeit zu überspielen. Zeigen Sie sich so, wie Sie sind, und vertrauen Sie auf die Wirkung Ihrer Persönlichkeit, anstatt mithilfe von Tricks ein Bild von sich zu präsentieren, das nicht der Wirklichkeit entspricht. Gestehen Sie sich ein, dass Sie soziale Anerkennung nicht erzwingen können und dass das raffinierteste Sicherheitsverhalten eine gefürchtete Auffälligkeit oder gar Ablehnung nicht verhindern kann.

Sicherheitsmaßnahmen loslassen: Verzichten Sie sukzessive auf alle Hilfsmittel

Sozial ängstliche Menschen greifen zu allen möglichen Mitteln, um einen guten Eindruck auf andere zu machen oder zumindest in keiner Weise unangenehm aufzufallen. Sie setzen sich gleichsam eine Maske auf, um nicht in der Art und Weise erkannt zu werden, wie sie sind. Dadurch geraten sie unter dauernden Stress, dem einmal etablierten falschen Bild in der Öffentlichkeit permanent entsprechen zu müssen. Mithilfe bestimmter Strategien möchten sie ihre wahre Persönlichkeit verbergen, weil sie mit Kritik und Ablehnung rechnen. Die Unsicherheit, was andere über sie denken könnten, ist ihnen unerträglich, sodass sie alles unternehmen, um sich von vornherein in einem günstigen Licht darzustellen.

Belastet es Sie, dass Sie in sozialen Situationen das Denken und Verhalten der anderen Menschen in Bezug auf Ihre Person nicht oder nicht genug beeinflussen können? Sie wissen, dass Sie keine Kontrolle darüber haben, wie andere Menschen Ihnen gegenüber reagieren werden. Ständig könnte etwas passieren, das Sie als bedrohlich interpretieren. Ihre *Sicherheitsmaßnahmen* stellen einen (nur scheinbar genialen) Versuch dar, der Kritik zu entgehen. Als sozial ängstlicher Mensch leben Sie mit permanenten Bedrohungsszenarien, denen Sie durch zahlreiche Tricks zu entkommen hoffen. Wenn Ihnen dies tatsächlich gelingt, schreiben Sie Ihr erfolgreiches Auftreten in sozialen Situationen den Hilfsmitteln zu und nicht Ihrer Person und Ihren Fähigkeiten. Dies führt dann dazu, dass Sie sich zunehmend auf derartige Sicherheitsmaßnahmen verlassen und Ihr Selbstvertrauen und Ihr spontanes Handeln total untergraben.

Sie haben in Schritt 1 bereits zahlreiche Sicherheitsmaßnahmen kennengelernt und für sich festgehalten, in welchem Ausmaß sie auf Sie zutreffen. Sind Sie bereit, sukzessive auf derartige Tricks zu verzichten? Erstellen Sie einen ganz konkreten Plan, wie Sie dabei vorgehen möchten. Wir schlagen Ihnen folgendes Vorgehen – gleichsam ein Mini-Experiment – zur Überprüfung Ihrer Befürchtungen vor, das Sie in Ihrem Angst-Tagebuch dokumentieren sollten:

1. *Identifizieren Sie eine bestimmte soziale Situation mit den für Sie typischen Sicherheitsmaßnahmen.* Das könnte etwa ein gemeinsames Essen mit anderen Menschen sein, bei dem Sie aus Angst vor Händezittern keine Suppe essen.

2. *Identifizieren Sie Ihre schlimmsten Befürchtungen, wenn Sie in dieser Situation auf bestimmte Tricks verzichten, und treffen Sie überprüfbare Vorhersagen.* Vergegenwärtigen Sie sich, was Sie in dieser Situation fürchten, und was Sie mithilfe des Sicherheitsverhaltens vermeiden möchten. Stellen Sie sich vor, was beim Verzicht auf derartige »Krücken« im schlimmstmöglichen Fall passieren könnte. Halten Sie Ihre Befürchtungen schriftlich fest, um sie später überprüfen zu können. Beispiel: »Ich werde zittern, wenn ich ohne Medikament oder Alkohol einen Suppenlöffel, ein Glas und eine Tasse halten werde. Die anderen werden mich ansprechen, ob ich nervliche Probleme habe.« Geben Sie in Prozent an, wie sehr Sie vom Eintreffen Ihrer Vorhersage überzeugt sind.

3. *Wagen Sie ein Experiment: Suchen Sie die bisher gefürchtete soziale Situation ohne Hilfsmittel auf und beobachten Sie, was passiert.* Machen Sie etwas anderes als bisher. Stellen Sie sich der Situation ohne Tricks und Vermeidungsstrategien, um Ihr Selbstvertrauen zu stärken. Verzichten Sie bewusst auf Hilfsmittel, um eine mögliche Auffälligkeit zu vermeiden. Nur so können Sie erkennen, wie groß die Gefahr einer

sozialen Auffälligkeit tatsächlich ist. Essen Sie also z. B. bewusst Suppe in Gegenwart anderer Menschen, bei denen sie dies aus Angst vor Händezittern noch nie getan haben. Wenn Sie die Aufgabenschwierigkeit steigern möchten, stoßen Sie zusätzlich noch vor oder während des Essens mit einem Glas auf das Wohl aller Anwesenden an.

4. *Werten Sie die gemachten Erfahrungen aus, vergleichen Sie sie mit Ihren Vorhersagen und ziehen Sie Ihre Schlüsse:* Was ist tatsächlich passiert? Haben sich Ihre Vorhersagen bewahrheitet? Was war anders als erwartet? Oder haben Sie eine leichte Auffälligkeit festgestellt, die aber weniger schlimm war als befürchtet? Was können Sie aus diesem kleinen Experiment lernen? Sie machen dabei wahrscheinlich die Erfahrung, dass Sie auch mit Anspannung und Nervosität kompetent handeln können. Seien Sie zufrieden, wenn alles besser gelaufen ist, als Sie geglaubt haben, ohne dass es Ihnen deswegen besonders gut gegangen sein muss.

Verzichten Sie künftig auf Ihre typischen Sicherheitsstrategien, auch bei zunehmend schwierigeren Aufgaben, um Ihre Erfolgserlebnisse zu vermehren und Ihr Selbstvertrauen zu stärken. Je mehr Routine Sie bekommen und je mehr positive Erfahrungen Sie ohne Sicherheitsmaßnahmen machen, desto schneller werden Sie neue Gewohnheiten entwickeln, die gerade darin bestehen, dass Sie sich nicht mehr so wie früher ständig bei Ihrem Tun beobachten.

Der Verzicht auf jedes Sicherheitsverhalten fällt Ihnen leichter, wenn Sie Ihre Bereitschaft dazu durch bestimmte Selbstgespräche stärken, wie etwa: »Ich bin bereit, mich so zu zeigen, wie ich bin«, »Ich gebe mich so, wie ich wirklich bin, dann weiß ich wenigstens, wer an mir als Person interessiert ist«, »Die anderen dürfen es ruhig sehen, wenn ich erröte, schwitze, zittere oder stottere«, »Ich weiß, was ich bin und was ich kann, ich weiß aber auch, was ich nicht bin und was ich nicht kann. Ich bin kein cooler Typ, den alles gleichgültig lässt. Wenn ich anfangs nervös bin, wird sich das im Laufe der Zeit legen.«

Schritt 7 – Symptombewältigung: Stellen Sie sich mutig den gefürchteten Symptomen

Ihre körperlichen Symptome leben davon, dass Sie sie fürchten, ständig dagegen ankämpfen und gerade dadurch aufrechterhalten. Machen Sie deshalb genau das Gegenteilige: Verhalten Sie sich bewusst so, dass es wahrscheinlicher für Sie wird, mit Ihren Symptomen konfrontiert zu werden, ohne dass Sie gleichzeitig ein Sicherheitsverhalten an den Tag legen. Suchen Sie sukzessive alle Situationen auf, die peinliche körperliche Symptome wie Erröten, Schwitzen oder Zittern auslösen könnten, und erweitern Sie dadurch Ihr Sozialverhalten. Versuchen Sie, die bislang gefürchteten Symptome bewusst zu provozieren, dann verlieren diese ihre Macht über Sie. Handeln Sie nach dem Motto des amerikanischen Psychologen William James: »Tue das, wovor du dich fürchtest, und die Furcht stirbt einen sicheren Tod.«

Symptombezogene Übungen: Tolerieren Sie sichtbare Angstsymptome ohne Gegenstrategien

Stellen Sie sich gezielt allen Situationen, in denen gefürchtete körperliche Symptome auftreten könnten und verzichten Sie dabei auf Ihr bisheriges Vermeidungs- und Sicherheitsverhalten. Gehen Sie bei Angst vor Hände- zittern in Lokale, um dort Suppe zu essen, eine Kaffeetasse zu halten und mit dem Glas anzustoßen. Schenken Sie mit einem Krug anderen die gewünschte Flüssigkeit in das Glas oder in die Tasse ein. Schreiben Sie bewusst vor anderen, wenn Sie das Zittern Ihrer Hand oder eine unsi- chere Strichführung fürchten. Sprechen Sie gezielt vor anderen, wenn Sie sich fürchten, dabei etwa zu stottern.

Es geht nicht darum, körperliche Symptome wie Erröten, Schwitzen oder Zittern, die nicht Ihrer willentlichen Kontrolle unterliegen, »in den Griff« zu bekommen, sondern darum, eine Änderung Ihrer Einstellung vorzunehmen: Tolerieren Sie Ihre subjektiven Schwächen und verfolgen Sie dennoch Ihre Ziele – unbeeindruckt von Ihren momentanen Emp- findungen und Gedanken. Auf diese Weise machen Sie die Erfahrung, dass Sie anderen Menschen unabhängig von Ihren Symptomen gegenübertreten können.

Vor derartigen symptombezogenen Übungen sollten Sie sich unbedingt folgende Fragen stellen: Was denken Sie über Menschen, bei denen Sie jene Symptome bemerken, die Sie bei sich selbst fürchten? Halten Sie sie für »psychisch angeschlagen«? Meinen Sie tatsächlich, dass Sie selbst wegen Symptomen wie Erröten, Schwitzen oder Zittern von anderen Menschen als nervenkrank, alkoholkrank oder schwächlich bewertet werden?

Glauben Sie, dass die anderen Ihre Symptome bemerken und kritisch über Sie denken, auch wenn sie nichts davon erwähnen? Leiden Sie darunter, nicht zu wissen, was die anderen über Sie denken? Sagen Sie sich doch: »Wenn die anderen wissen wollen, was mit mir los ist, müssen sie schon danach fragen.« Doch was würden Sie dann wirklich antworten? Überlegen Sie sich eine kurze Antwort, die etwas, aber nicht alles verrät, wie etwa: »Wenn ich nervös bin, werde ich leicht rot oder zittrig, doch das vergeht nach einiger Zeit ganz von allein.« Wenn Sie selbst nicht viel Aufheben wegen Ihrer Symptome machen, werden Sie auch nicht unnötig lange im Mittelpunkt der Aufmerksamkeit stehen. Lenken Sie dann den Gesprächsverlauf in eine andere Richtung.

Bezüglich der Symptome sind folgende Selbstgespräche hilfreich:

- »Das Erröten (alternativ: Schwitzen, Zittern) kommt und geht. Ich habe es nicht unter Kontrolle. Ich konzentriere mich auf das Gespräch, um meine Ziele zu erreichen.«
- »Die anderen können mich nur deshalb in einer peinlichen Situation sehen, weil ich mich dazu entschlossen habe, mich ganz spontan zu verhalten.«
- »Die anderen dürfen meine Symptome sehen, sie zeigen nur, dass ich aufgeregt bin. Ich sage und tue, was mir wichtig ist, egal, was die anderen über meine körperlichen Reaktionen denken.«
- »Ich habe keinen Einfluss auf die Gedanken anderer Menschen. Wenn sie mich wegen meiner Symptome für schüchtern oder nervös halten, kann ich dies nicht verhindern. Ich möchte jetzt durch meine Präsentation zeigen, was ich weiß und was ich kann.«

Paradoxe Intention: Verstärken Sie absichtlich jene Symptome, die Sie fürchten

Kämpfen Sie nicht gegen die körperlichen Angstsymptome an. Tun Sie absichtlich das, was Sie bisher am meisten gefürchtet haben. Nehmen Sie sich vor, die Symptome nicht nur herauszufordern und dann zuzulassen, sondern sogar noch zu verstärken und zu übertreiben. Dieses Vorgehen wird *paradoxe Intention* genannt, weil Sie genau das Gegenteil von dem tun, was Sie eigentlich tun möchten, nämlich die Symptome zu vermeiden oder zu unterdrücken. Die Aufgabe lautet, in der Öffentlichkeit absichtlich zu erröten, zu zittern oder zu schwitzen, um den ständigen Kampf dagegen zu unterbrechen. Führen Sie die Symptome auf verschiedene Art und Weise gezielt herbei:

- Bei Angst vor *Erröten* sollten Sie ein heißes Getränk, etwas Wein oder Sekt trinken. Versuchen Sie darüber hinaus auf mentalem Weg, möglichst schnell rot zu werden, und achten Sie darauf, ob es jemand bemerkt, anderenfalls sprechen Sie den Sachverhalt selbst an (»Merkst Du, wie rot ich bin?«, »Immer, wenn ich einen Menschen mag, werde ich rot«).
- Bei Angst vor sichtbarem *Schwitzen* sollten Sie Ihr Gesicht mit Wasser benetzen, um Schwitzen zu simulieren, vor einem Treffen etwas laufen oder absichtlich zu warme Kleidung anziehen, um in einem geschlossenen Raum Schwitzen zu provozieren, und bewusst Kleidung anziehen, auf der man Schweißflecken gut sehen kann. Wischen Sie sich demonstrativ mit der Hand über die Stirn, um einen tatsächlichen oder vorgegebenen Schweiß zu beseitigen, und machen Sie selbst eine Bemerkung dazu (»Ich komme jetzt richtig ins Schwitzen«).
- Bei Angst vor *Zittern* sollten Sie absichtlich so stark zittern, dass Sie mit dem Löffel etwas Suppe und mit der Tasse etwas Kaffee verschütten, bei der Geldrückgabe an der Supermarktkasse einige Münzen auf den Boden fallen lassen oder mit dem Kugelschreiber eine wackelige Schrift oder Unterschrift auf das Papier bringen.
- Bei Angst vor *Harndrang* sollten Sie vor einer Sitzung absichtlich so viel Wasser trinken, dass Sie öfter auf die Toilette gehen müssen und dadurch unangenehm auffallen könnten.
- Bei Angst vor *Stottern* sollten Sie sich in einem Geschäft der Verkäuferin gegenüber so aufgeregt verhalten, dass Sie dabei etwas stottern.
- Bei Angst vor einem *Fehler* sollten Sie einmal absichtlich einen harmlosen Fehler machen und Ihre Erwartungsängste offen und direkt ansprechen (»Ich glaube, wenn ich mich vor so vielen Leuten unge-

schickt anstelle, werde ich bald rot werden, stottern, zu schwitzen beginnen«, »Ich habe Angst, dass ich jetzt einen Fehler mache und alle dann laut lachen«, »Ich fürchte mich vor Ihrer Kritik«).

- Bei Angst davor, als *schüchtern* zu gelten, sollten Sie bewusst von Ihrer Schüchternheit berichten. Gehen Sie etwa in eine Buchhandlung und sagen Sie zu einer Buchhändlerin: »Ich bin ein schüchterner Mensch und möchte Sie fragen, ob Sie mir ein Buch für Schüchterne empfehlen können.«

Je weniger Angst Sie vor Ihren Symptomen haben und je weniger Sie dagegen ankämpfen, desto rascher werden sie verschwinden, vielleicht sogar so schnell, wie sie gekommen sind. Paradoxe Übungsaufgaben sind eine Gelegenheit für Sie, unter bestimmten Umständen (sicherlich nicht überall und jederzeit) Schwäche zeigen zu können und dabei die Erfahrung zu machen, dass Sie trotzdem liebenswert und akzeptiert sind. Es ist ein Zeichen von Stärke, wenn Sie Ihre Schwächen zugeben und über sich selbst lachen können.

Panikbewältigungstraining: Bewältigen Sie Panikattacken

Haben Sie Erfahrungen mit Panikattacken? Was fürchten Sie dabei am meisten? Menschen mit einer Panikstörung, die Panikattacken ohne äußere Auslöser erlebt haben, fürchten sich zumindest zu Beginn ihres Leidens vor dem plötzlichen Tod durch Herzrasen, Ersticken oder Schlaganfall, manche haben auch Angst, verrückt zu werden und in der Psychiatrie zu landen. Menschen mit krankhaften sozialen Ängsten fürchten sich dagegen nicht vor dem biologischen Ende, sondern vor dem sozialen Aus, vor dem Verlust des Sozialprestiges (»Ich bin erledigt, wenn jemand merkt, dass ich psychische Probleme habe«).

Beim Anflug einer Panikattacke sind *Atemtechniken* zur raschen Entspannung empfehlenswert, bei einer vollen Panikattacke ist dagegen *Bewegung* (Aufstehen und Umhergehen) am hilfreichsten, um den Adrenalinpegel abzubauen. Bereits mit anderen Menschen zu reden kann helfen, die körperliche Anspannung zu verringern, gleichzeitig stellt es auch eine Ablenkung vom Körper und eine Zuwendung zur Umwelt dar. Das spontane Bedürfnis nach Bewegung wird durch die Aktivierung des Körpers in Richtung Kampf oder Flucht hervorgerufen. In sozialen Situationen unterdrücken die Betroffenen es jedoch oft, weil sie Angst haben, dadurch unangenehm aufzufallen.

In der Vorphase von Panikattacken sind zwei einfache Atemtechniken hilfreich:

- *Verlangsamte Ein- und Ausatmung.* Stellen Sie sich vor, langsam und intensiv sauerstoffreiche Luft einzuatmen, als würden Sie Ihren Lieblingsduft riechen, beim anschließenden Ausatmen lassen Sie Ihren Atemstrom durch leicht geschlossene Lippen langsam ausströmen, als würden Sie vorsichtig auf einen Löffel mit heißer Suppe pusten oder sanft eine Kerzenflamme ausblasen. Zählen Sie jede Ausatmung: 1, 2, 3 usw. Wenn Sie in dieser Form pro Minute nur sechs- bis achtmal ein- und ausatmen, erleben Sie bald einen Entspannungseffekt, der sich angenehm auf Ihr Herz, Ihre Atmung und Ihre Muskulatur auswirkt.

- *Bauchatmung (Zwerchfellatmung).* Legen Sie Ihre Hand flach auf die Bauchdecke knapp oberhalb des Nabels. Atmen Sie tief durch die Nase ein und spüren Sie, wie sich dabei Ihre Bauchdecke hebt. Beim Ausatmen durch leicht geschlossene Lippen senkt sich Ihre Bauchdecke wieder, während Ihre Hand mitgeht. Atmen Sie einige Minuten lang so, dass sich Ihre Bauchdecke spürbar im Rhythmus Ihrer Atmung hebt und senkt.

Genau genommen sind Atemübungen und kräftige Bewegungen als Sicherheitsstrategien anzusehen. Auf lange Sicht sollten Sie Panikattacken in drei Stufen bewältigen lernen (auch wenn Ihnen dies anfangs sehr schwer erscheint):

1. *Kommen-Lassen.* Lassen Sie die Paniksymptome auf sich zukommen, ohne sie zu vermeiden oder zu unterdrücken. Bewältigen Sie die Symptome wie ein guter Schwimmer oder Bootsfahrer die Wellen: Gehen Sie bewusst mit, statt dagegen anzukämpfen.

2. *Dasein-Lassen.* Lassen Sie die Paniksymptome und Ihre ängstlichen Gedanken einfach da sein. Beobachten Sie Ihre Angst, ohne innerlich oder äußerlich davonzulaufen: Wie schlägt Ihr Herz? Wie geht Ihr Atem? Wie angespannt sind Ihre Muskeln? Wie fühlen sich Magen, Darm und Blase an? Ist Ihnen kalt oder heiß? Welche Gedanken schießen Ihnen durch Ihren Kopf? Welche Gefühle haben Sie gerade? Was ist sonst noch unangenehm oder lästig? Beschreiben Sie innerlich, wie es Ihnen gerade geht, körperlich wie gefühlsmäßig. Bleiben Sie im Hier und im Jetzt Ihrer momentanen Empfindungen. Beobachten Sie eine Zeit lang Ihre Symptome, ohne sie als gefährlich zu bewerten. Bleiben sie gleich oder verändern sie sich? Sie können den Teufelskreis der Angst wirkungsvoll durchbrechen, wenn Sie Ihren

Körper und Ihre Gefühle interessiert, aber gleichzeitig distanziert beobachten.

3. *Gehen-Lassen*. Lassen Sie die Paniksymptome von alleine wieder gehen. Halten Sie Ihre Angst nicht in einem permanenten dagegen Ankämpfen fest. Sie wird schneller verschwinden, als Sie glauben. Die verbleibende Restspannung werden Sie gut ertragen können. Weil Sie Ihre Angst angenommen und gleichsam durch Nichtstun überwunden haben, müssen Sie keine Sorge haben, ob sie auch wirklich weg ist oder wieder zurückkommen wird.

Wenn Sie bereit sind, in dieser Weise auf jeden Kampf gegen Panikattacken zu verzichten, sollten Sie bewusst jene Situationen aufsuchen, die Sie bislang aus Angst vor Panikattacken gemieden oder nur mithilfe von Sicherheitsstrategien wie bestimmten Tricks, Medikamenten oder Alkohol bewältigt haben. Je nachdem, wie schwierig oder bedeutsam es für Sie ist, sollten Sie eine Rede halten, in einer Gruppe das Wort ergreifen, bei einer Versammlung ausharren, eine Einladung aussprechen bzw. annehmen, ein Gespräch mit dem Chef wagen oder eine andere wichtige, bislang jedoch gemiedene soziale Aktivität in Angriff nehmen.

Entspannungstraining: Vermindern Sie Ihre Grundanspannung

Verschiedene Entspannungstechniken, wie etwa Autogenes Training, Progressive Muskelentspannung, bestimmte Atemtechniken, Tai-Chi oder Qi Gong sind zur Reduzierung der oft erhöhten Grundspannung ängstlicher Menschen sehr hilfreich. Entspannungstechniken kommen dem Wunsch vieler Angstpatienten entgegen, möglichst wenig Angst erleben zu wollen (»Helfen Sie mir, meine Angst irgendwie ohne Medikamente wegzumachen«). Sie sollten Entspannungstechniken jedoch nicht als Sicherheitsstrategien einsetzen, um Ihre Angst zu vermeiden oder zum Verschwinden zu bringen. Entspannungs- und Atemtechniken sind auf Dauer ähnlich ungeeignete Mittel, situativ auftretende Ängste zu bewältigen, wie Alkohol oder Beruhigungsmittel. Angst können Sie nur durch mutiges Erleben von dosierter Angst bewältigen lernen. Das bedeutet, Sie überwinden Ihre Angst, indem Sie *handeln*.

Früher wurden Angstpatienten unterwiesen, sich bei aufkommender Angst aktiv zu entspannen, nach dem Motto: Entspannung ist mit Angst nicht kompatibel. Heutzutage geht man den umgekehrten Weg: Sie lernen, Angst ohne Hilfsmittel zu bewältigen, und stehen so zukünftig möglichen Angstschüben entspannter gegenüber. Das werden Sie vermutlich erst dann glauben können, wenn Sie es tatsächlich einmal erlebt haben.

Schritt 8 – Konfrontationstherapie: Stellen Sie sich erfolgreich allen sozialen Situationen

Es ist nicht genug zu wissen,
man muss es auch anwenden;
es ist nicht genug zu wollen,
man muss es auch tun.

JOHANN WOLFGANG VON GOETHE

Die reale, direkte Konfrontation mit Angst machenden Situationen stellt den »Königsweg« der Angstbewältigung dar. Es gibt keinen anderen Weg: Soziale Ängste können Sie nur dadurch überwinden, dass Sie bewusst jene Situationen aufsuchen, die Sie fürchten. Im Umgang mit anderen Menschen machen Sie neue Erfahrungen, die zu anderen Sichtweisen und Verhaltensmöglichkeiten führen. Häufig lassen sich Ihre Ängste – z. B. vor negativer Bewertung – nicht allein durch den Versuch verringern, Ihre Denkmuster zu ändern. Dann sind Sie darauf angewiesen, durch neue Verhaltensweisen neue Erfahrungen zu machen, um auf diesem Weg zu neuen Sichtweisen und anderen Einstellungen zu gelangen.

Verhaltensexperimente: Wagen Sie etwas Neues

Sind Sie bereit, in sozialen Situationen neue Dinge auszuprobieren, obwohl Sie sich etwas davor fürchten? Es geht nicht darum, keine Angst zu haben. Sie wissen es schon: Durch Vermeidung haben sich Ihre sozialen Ängste verschlimmert, egal wie diese ursprünglich entstanden sind. Angst können Sie nur überwinden, indem Sie sich der Angst stellen, anstatt darauf zu warten, dass sie verschwindet, bevor Sie etwas tun. Wenn Sie sich in bislang gefürchtete Situationen begeben, ohne in ein Vermeidungsverhalten zu verfallen (der Fachausdruck ist *Konfrontationstherapie* oder *Exposition*), können Sie neue Erfahrungen machen, die Ihren negativen Erwartungen widersprechen. Erst wenn Sie sich sozialen Situationen wieder regelmäßig stellen, werden Sie erkennen, wie sehr Sie durch Ihr Sicherheitsverhalten gesteuert waren.

Das vordergründige Ziel einer ausreichend langen Konfrontation mit sozialen Situationen ist zwar die Angstreduktion, letztlich geht es jedoch um die Erfahrung, dass Sie Ihre Wünsche und sozialen Bedürfnisse verwirklichen können. Bei einer Konfrontationstherapie wird Angst nicht einfach nur provoziert, um die Erfahrung des Angstabfalls zu machen, sie soll vielmehr als tolerierbarer Zustand auf dem Weg hin zu Ihren Zielen erlebt werden. Das Ziel der Experimente ist nicht, dass Sie in sozialen Situationen keinerlei Angst mehr haben, sondern es geht darum, mehr Vertrauen in sich selbst und gegenüber anderen Menschen zu gewinnen. Schließen Sie Frieden mit Ihrer Angst, wenn sie beim Experimentieren und Üben aufkommt, und verzichten Sie auf jeden Kampf gegen sie. Lassen Sie sich von folgendem inneren Dialog leiten: »Da bist du wieder, meine Angst. Du darfst mich begleiten wie mein Schatten, aber ich bestimme den Weg, denn ich möchte künftig mehr vom Leben haben als bisher.«

Wir raten Ihnen bei Ihrer persönlichen Konfrontationstherapie zu folgendem Vorgehen, das sich in verschiedenen Studien als sehr wirksam erwiesen hat. Erstellen Sie eine Liste Ihrer sozialen Ängste, sortieren Sie sie nach dem Ausmaß Ihrer Belastung, und stellen Sie sich sukzessive, mit steigendem Schwierigkeitsgrad, den jeweiligen Situationen. Langsames Vorgehen führt oft schneller zum Erfolg, weil zu große Schritte deprimierende Rückschläge hervorrufen können. Wenn die Anforderungen geringer sind, ermutigen Anfangserfolge Sie zu weiteren Fortschritten. Es gilt das Motto: »Nichts macht so erfolgreich wie der Erfolg.«

Wir empfehlen Ihnen deshalb, sich zu Beginn Ihrer persönlichen Konfrontationstherapie Situationen zu stellen, die ein leichteres bis maximal mittleres Ausmaß an Angst auslösen, denn dadurch behalten Sie immer eine gewisse Kontrolle über Ihr Verhalten, Denken und Fühlen. Bei größtmöglicher Angst, wie sie durch eine Konfrontation mit extrem belastenden Situationen hervorgerufen wird, ist kein sinnvolles Lernen möglich, denn Körper und Geist werden dabei übererregt. Es besteht zudem die Gefahr, dass Sie durch sehr unangenehme Erfahrungen neuerlich traumatisiert werden und künftig erst recht ein Vermeidungsverhalten entwickeln.

Wenn Sie zusätzlich zu Ihren sozialen Ängsten ein schüchterner Mensch sein sollten, raten wir Ihnen, zu Ihrem Bedürfnis nach einer längeren Aufwärmphase in unvertrauten sozialen Kontakten zu stehen und Ihre Schutzmauern entsprechend Ihrem Temperament nur langsam abzubauen, um sich nicht zu überfordern. Als schüchterner Mensch brauchen Sie einfach länger, sich an neue Situationen zu gewöhnen. Sie müssen nicht gleich Ihre Schüchternheit überwinden, sondern im Umgang mit anderen einfach »nur« erfolgreich handeln, um ein erfülltes Leben führen zu können.

Beginnen Sie Ihre Verhaltensexperimente mit Aufgabenstellungen, die in Hinblick auf Ihre Ziele besonders wichtig sind. Wenn es für Sie kein bedeutsames Ziel darstellt, eine öffentliche Rede zu halten, sollten Sie mit einem anderen Experiment beginnen, und zwar mit einem, das Sie in Ihrem Alltag aus Angst vor Auffälligkeit vermeiden, wie etwa zu einem wichtigen Treffen zu gehen, ohne dort etwas sagen zu müssen. Auf diese Weise erhöhen Sie Ihre Motivation, schwierigere Aufgabenstellungen anzugehen. Denken Sie daran: Kämpfen Sie nicht so sehr *gegen* Ihre Angst, sondern vielmehr *für* Ihre Ziele.

Was möchten Sie erreichen und erleben? Wenn Sie sich zu bestimmten Experimenten entschlossen haben, lassen Sie sich nicht davon abbringen, wenn kurz davor oder mittendrin Ihre Ängste und Selbstzweifel zunehmen. Führen Sie Ihre Experimente unabhängig von Ihren momentanen Gefühlen nach einem vorher genau festgelegten Plan durch, der sich an Ihren Zielen und Werten orientiert. Rechnen Sie damit, dass vor und in den jeweiligen sozialen Situationen Angst auftreten wird. Sollte dies nicht der Fall sein, war die Aufgabenstellung zu leicht, oder Sie haben bewusst oder unbewusst ein raffiniertes Sicherheitsverhalten eingesetzt. Legen Sie zur Unterstützung Ihrer Bemühungen vor jedem Experiment fest, wie lange Sie in der Angst machenden Situation bleiben möchten, damit Sie nicht unter dem Einfluss Ihrer momentanen Gedanken, Gefühle und körperlichen Symptome die Flucht ergreifen.

Lassen Sie aufkommende Angst zu, ohne sich »zusammenzureißen« und sie zu unterdrücken. Nehmen Sie Ihre Angst einfach nur wahr und beobachten Sie ihr Kommen und Gehen, ohne dagegen anzukämpfen. Es ist ganz normal, dass Sie Angst haben, wenn Sie sich den bisher gefürchteten und gemiedenen Situationen mutig stellen. Bleiben Sie mit Ihren Gedanken in der Realität, in der momentanen Situation, ohne mental ständig in die Zukunft zu gehen und Katastrophenfantasien zu entwickeln. Achten Sie darauf, was wirklich geschieht, in Ihnen und um Sie herum. Halten Sie in der jeweiligen Situation so lange durch, bis die Angst ohne Hilfsmittel, wie etwa Atemtechniken, ganz von alleine geringer wird, um die Erfahrung zu machen, dass Sie Ihre Angstsymptome besser als bisher tolerieren können.

Richten Sie bei den Verhaltensexperimenten Ihre Aufmerksamkeit auf die anderen Menschen oder auf die konkrete Aufgabenstellung anstatt auf sich selbst und verzichten Sie auf jedes Sicherheitsverhalten, mit dem Sie bislang negative Bewertungen verhindern wollten. Wenn Sie einmal aus einer Situation fliehen, suchen Sie diese zu einem späteren Zeitpunkt erneut auf. Wenn die Ziele einmal zu hoch gesteckt waren, streben Sie den Erfolg zuerst über kleinere Ziele und leichtere Übungen an. Alles ist in Ordnung, was Sie ohne Vermeidungsverhalten vorwärts bringt. Wenn eine Aufgabenstellung, etwa eine Präsentation vor Kunden oder ein Gespräch mit dem Chef, doch einmal unüberwindlich schwer erscheinen sollte, machen Sie vorher ein »Trockentraining« in Form von Rollenspielen mit Verwandten oder Bekannten. Dasselbe trifft auch auf Bewerbungsgespräche und ähnliche Herausforderungen zu.

Verzichten Sie bei den Experimenten auf jeden Perfektionismus, denn es geht darum, trotz Ihrer Ängste neue Erfahrungen zu machen und dabei ein gewisses Risiko einzugehen, auch kleine Fehler zu begehen und Peinlichkeiten hinzunehmen. Schauen Sie mehr auf das, was Sie in sozialen Situationen gewinnen können, als auf das, was Sie an negativen Erfahrungen machen könnten.

Beurteilen Sie den Erfolg Ihrer Experimente nur nach Ihrem mutigen Verhalten (wie etwa fremde Menschen auf der Straße anzusprechen) – weder nach Ihren momentanen Gefühlen (wie etwa Angst und Nervosität) noch nach den Reaktionen der anderen (Sie haben keine Kontrolle darüber, wie die anderen reagieren werden). Der Erfolg besteht darin, dass Sie Ihre Möglichkeiten genutzt haben, um Ihre Ziele zu erreichen. Die Erfolgschancen erhöhen sich dadurch, dass Sie möglichst viele Gelegenheiten suchen, in denen Sie einen Erfolg verbuchen können. Dies gilt bei der Partnersuche ebenso wie bei Stellenbewerbungen.

Wiederholen Sie jedes Experiment unter verschiedenen Umständen (andere Orte, neue Personen), und zwar möglichst oft, um dadurch Ihre Erfolge zu festigen und die Erfahrung zu machen, dass die Angst durch Ihr Verhalten und nicht aufgrund besonderer Umstände oder Zufälle abgenommen hat. Bei neuen Experimenten werden Sie anfangs jeweils einen Widerspruch zwischen Ihrem Kopf und Ihrem Bauchgefühl erleben, wie dies für jedes Umlernen und für jede Veränderung hartnäckiger Probleme typisch ist. Halten Sie sich dabei an Ihre Vorsätze und lassen Sie sich nicht von Ihren Gefühlen und Symptomen dirigieren. Im Laufe der Zeit bekommen Sie dann die Belohnung: Kopf und Bauch stimmen in angenehmer Weise überein. Verzichten Sie bei jeder Konfrontationsübung auf Alkohol oder Beruhigungsmittel, um Ihre Erfolge nicht diesen Mitteln zuschreiben zu müssen. Langfristig verordnete Antidepressiva sollten Sie dagegen weiter einnehmen.

Stärken Sie Ihre Bereitschaft, sich auf gefürchtete Situationen einzulassen, indem Sie aufmunternde *Selbstgespräche* führen, wie etwa: »Ich fürchte mich vor der Prüfung, ich möchte jedoch so schnell wie möglich antreten, weil ich bereits genug gelernt habe«, »Ich wirke vielleicht unsicher, bin mir jedoch innerlich sicher bei dem, was ich erreichen will«, »Ich habe Angst, dass der andere nicht mit mir reden will, ich nutze aber die Chance der Kontaktaufnahme«, »Ob die Begegnung erfolgreich verlaufen wird, weiß ich erst, wenn ich sie gewagt habe«, »Ich weiß nicht, was die anderen denken, wenn ich unsicher wirke, aber ich möchte bei dieser Veranstaltung unbedingt dabei sein, weil sie für mich wichtig ist.«

Hilfreich ist folgende Struktur von Selbstgesprächen: »*Ich weiß nicht*, wie ich ankomme werde, was die anderen von mir denken, wie sie auf mich reagieren werden, ob ich alles wie geplant umsetzen kann; aber *ich weiß*, dass ich jetzt andere anreden möchte, unabhängig von dem, was sie von mir denken, dass ich diese Kontaktmöglichkeit nutzen möchte, unabhängig davon, wie viel ich tatsächlich erreichen kann, dass ich zur Prüfung antreten will, unabhängig davon, ob ich gerade ein Erfolgsgefühl habe.« Sie können leichter auf andere zugehen, wenn Sie sich eingestehen: »Ich kann andere nicht zwingen, dass sie mich wertschätzen oder gar lieben, ich mag schließlich ja auch nicht jeden.«

Akzeptieren Sie den Umstand von »guten« und »schlechten« Tagen, der zu Schwankungen Ihrer Befindlichkeit oder gar zu einem kleinen Rückfall führen kann. Setzen Sie sich sozialen Situationen auch dann aus, wenn es Ihnen einmal nicht so gut geht (dann vielleicht weniger lang), um mutig aus Ihrem Schneckenhaus herauszukommen und die Erfahrung zu machen, dass Sie nicht immer topfit sein müssen, damit das Zusammensein mit anderen Menschen ein angenehmes Erlebnis wird. Die Erfahrung zeigt: Rückschläge sind ganz normal, sie lassen sich jedoch durch neue positive Erlebnisse bewältigen – wenn Sie nicht aufgeben.

Rückschläge treten vor allem in Phasen großer psychosozialer Belastungssituationen auf. Vertrauen Sie darauf: Was Sie schon einmal erreicht haben, können Sie auch wieder schaffen. Vergegenwärtigen Sie sich Ihre bisherigen Erfolge, auf die Sie stolz sein können. Das macht Sie in der Phase der Enttäuschung über Misserfolge gleich wieder selbstsicherer. Auf diese Weise halten Sie es leichter aus, wenn Sie nach einem Schritt vorwärts vorübergehend zwei Schritte zurück machen. Motivieren Sie sich durch Selbstgespräche, wie etwa: »Ich habe ähnliche Aufgaben früher schon öfter geschafft, es kann mir auch heute gelingen.«

Loben und belohnen Sie sich für alle Fortschritte, ohne das Erreichte gleich für selbstverständlich zu halten und es damit abzuwerten. Setzen Sie sich danach weitere realistische Ziele, die Sie nicht überfordern, und verzichten Sie bewusst auf das irreale Ziel der völligen Angstfreiheit und des unerschütterlichen Selbstvertrauens. Sie machen sich damit nur zu einem chronisch unzufriedenen Menschen und vielleicht auch zu einem Dauerpatienten bei Ärzten und Psychotherapeuten.

Halten Sie alle Experimente in Ihrem Angst-Tagebuch fest. Notieren Sie jeweils anhand einer Schätzskala (0 = keine Angst, 10 = maximale Angst) das Ausmaß der Angst vor und während der Konfrontation. Auf diese Weise können Sie einen Vergleich zwischen Ihren Befürchtungen und Ihren tatsächlichen Erfahrungen vornehmen.

Der Erfolg der Konfrontationstherapie beruht auf zwei Faktoren:

- *Gewöhnung* (Fachausdruck *Habituation*). Die Intensität der körperlichen Symptome verringert sich nach 10–20 Minuten des Ausharrens in der Angst machenden Situation auf ein erträgliches Maß, wobei eine gewisse Anspannung bei großen sozialen Ängsten aufgrund der negativen Denkmuster bestehen bleibt, die aber toleriert werden kann. Dieser Vorgang wird »Gewöhnung« genannt: Die höchstmögliche Alarmierung des Körpers hat sich mangels realer Gefahr als unnötig erwiesen. Regelmäßiges Aufsuchen gefürchteter Situationen führt im Laufe der Zeit zu einer Verringerung der Erwartungsangst und zur Beruhigung des Körpers. Je mehr Sie sich daran gewöhnt haben, etwas unabhängig von Ihrer Befindlichkeit zu tun, desto weniger fürchten Sie sich davor. Die Erfahrung zeigt jedoch: Viele Menschen mit sozialen Ängsten gewöhnen sich *allein* aufgrund regelmäßiger Konfrontation nicht an soziale Situationen, sodass ihre Erwartungsängste nur durch den Aspekt der Gewöhnung nicht abnehmen. Zusätzlich bedarf es einer Änderung der Denkmuster.
- *Erfahrungsbedingte Änderung der Denkmuster.* Die wiederholte Konfrontation mit Angst machenden Situationen führt nicht zu einer Gewöhnung im passiven Sinne. Sie ist vielmehr ein aktiver Prozess, der bereits mit der Entscheidung der Betroffenen beginnt, sich sozialen Situationen ohne Vermeidungsverhalten zu stellen. Es handelt sich dabei um eine Einstellungsänderung, nämlich um die Bereitschaft, ein Risiko einzugehen, und unabhängig vom Ausmaß der Angst in der gefürchteten Situation zu verweilen. Konfrontationsübungen bewirken keine Löschung von Angstreaktionen, es geht vielmehr darum,

mithilfe von positiven Erfahrungen negative Erwartungen zu ändern, aufgrund des erfolgreichen Umgangs mit anderen Menschen neue Verhaltensweisen zu erlernen sowie allgemein ein größeres Sicherheitsgefühl zu bekommen. Die Entwicklung positiver Erwartungen ist der entscheidende Veränderungsaspekt bei sozialen Ängsten. Darin besteht die Hauptwirkung einer Konfrontationstherapie: Die Konfrontation führt aufgrund der positiven Erfahrungen, die mit ihr verbunden sind, zur Änderung der bisherigen negativen Erwartungen und ermöglicht dadurch eine grundsätzlich andere Sicht von sozialen Kontakten. Es wird die Erfahrung gemacht, dass man Angst aushalten kann, ohne dass sie völlig verschwinden muss.

Fazit: Bei der Bewältigung sozialer Ängste ist nicht die Konfrontation an sich heilsam, sondern die *Bereitschaft*, sich auf alle Angst machenden Situationen voll und ganz einzulassen, ohne äußere und innere Vermeidungsstrategien. Wie bereits deutlich wurde, ist neben intensiven Konfrontationsübungen häufig auch eine direkte Änderung der Denkmuster erforderlich.

Mittelpunktsübungen: Mutproben machen Sie selbstbewusster

Menschen mit sozialen Ängsten haben ständig den Eindruck, im Mittelpunkt der Aufmerksamkeit zu stehen. Sie unternehmen alles, um dies zu vermeiden, weil für sie damit die Gefahr der Blamage und der kritischen Beurteilung verbunden ist. Ihre Angst wird durch jede kleine Abweichung von der sozialen Norm verstärkt, an die sie sich in der Regel sehr genau halten, um nicht unangenehm aufzufallen. Die Überanpassung an die vermeintlichen Erwartungen der anderen verhindert jeden persönlichen Lebensstil. Wie ist es bei Ihnen? Sind Sie immer darum bemüht, auf keinen Fall unangenehm aufzufallen, um Kritik und Ablehnung zu vermeiden? Sind Sie bereit, einmal ein Verhalten zu wagen, das Sie aus Angst, dabei einen negativen Eindruck zu hinterlassen, bisher immer vermieden haben?

Experimente, bei denen Sie sich durch auffälliges oder ungeschicktes Verhalten bewusst in den Mittelpunkt der Aufmerksamkeit stellen, sind Mutproben, um zu erkunden, wie die Umstehenden darauf reagieren. Derartige *Blamierübungen* dienen zur Überprüfung Ihrer Befürchtungen. Sie können dabei die Entdeckung machen, dass sich die anderen

Menschen gar nicht so viel mit Ihnen beschäftigen, wie Sie angenommen haben. Ihre Mitmenschen sind viel stärker mit sich selbst beschäftigt als mit Ihnen und Ihren vermeintlichen Schwächen und Fehlern. Wäre es eine narzisstische Kränkung für Sie, wenn Sie Ihrer Umgebung tatsächlich weniger Beachtung wert sein sollten, als Sie bisher angenommen haben? Einige Beispiele sollen Sie anregen, für Sie passende *Experimente* zu wagen:

- Lassen Sie in einem Lokal den Löffel fallen, verschütten Sie etwas Wasser oder Zucker und rufen Sie laut nach dem Kellner.
- Gehen Sie in einem großen Lokal langsam umher, blicken Sie die Gäste an und verhalten Sie sich so, also würden Sie einen Bekannten suchen.
- Husten oder schnäuzen Sie sich so laut, dass sich jemand umdreht.
- Rufen Sie auf der Straße, in einem öffentlichen Raum oder in einem Verkehrsmittel einem Bekannten etwas so laut zu, dass die anderen darauf aufmerksam werden.
- Fragen Sie in einer Schlange im Supermarkt, ob Sie wegen nur zwei Artikeln zur Kasse vorgehen dürfen.
- Lassen Sie im Supermarkt an der Kasse, wo hinter Ihnen eine längere Schlange steht, den ganzen Einkaufswagen beiseitestellen, weil Sie plötzlich »entdecken«, dass Sie Ihre Geldbörse vergessen haben.
- Legen Sie im Geschäft an der Kasse einige Gegenstände zurück mit der Begründung, dass Sie nicht so viel Geld mithaben.
- Sehen Sie bewusst andere Menschen so lange an, bis sich diese irritiert fühlen.
- Kommen Sie zu einer Veranstaltung absichtlich zu spät, sodass alle Anwesenden auf Sie schauen.
- Gehen Sie auf einem Fußgängerweg anderen Passanten so entgegen, dass diese ausweichen müssen.
- Stellen Sie sich an einem sehr frequentierten Platz in auffälliger Weise hin.
- Versuchen Sie sich absichtlich in einer Sportart, die Sie nicht gut können, während Ihnen andere Leute dabei zuschauen.
- Tragen Sie auffällige Kleidung oder eine neue Frisur, mit der Sie Aufsehen erregen.
- Stellen Sie in einer Gruppe (bei einer Versammlung, an einem Elternabend, während einer Führung) eine Frage.
- Halten Sie eine kleine Rede oder ein kurzes Referat.

Fällt es Ihnen schwer, in aller Öffentlichkeit begangene Fehler und sichtbare Schwächen zu akzeptieren? Dann sollten Sie Ihre Angst vor Blamage durch mehr Mut zur Schwäche überwinden lernen. Begehen Sie absichtlich kleinere Fehler – als Ausdruck dafür, dass keiner von uns perfekt ist und wir nicht immer die bestmögliche Leistung erbringen können. Ihre Angst vor Kritik überwinden Sie nicht durch Ihr Bemühen, stets alles perfekt zu machen, sondern indem Sie bewusst jenes Versagen herbeiführen, das Sie fürchten. Testen Sie dann die Reaktionen der anderen Menschen und vergleichen Sie diese mit Ihren Befürchtungen. Sie werden merken, dass andere Ihr »Versagen« längst nicht so schlimm finden, wie Sie sich es vorgestellt haben. Lernen Sie beispielsweise – als Mensch, der immer das Bestmögliche gibt – für einen Test nur so viel, dass Sie gerade noch durchkommen, jedenfalls so wenig, dass Sie die Bestnote sicher verfehlen. Gute Schülerinnen oder Studenten fürchten sich vor schlechteren Noten manchmal sogar mehr als weniger Begabte, weil sie dadurch die Erwartungen der Eltern und Lehrer enttäuschen könnten.

Verhaltensprovokation:
Fallen Sie einmal bewusst aus der Rolle

Es ist gut, wenn Sie durch die letzten Experimente etwas mehr Mut gefasst haben, um Ihre Möglichkeiten und Grenzen auszuloten. Wir raten Ihnen jedoch von Experimenten ab, die eine Normverletzung und eine extreme Peinlichkeit zum Ziel haben. Derartige sogenannte *Shame Attacks* sind Teil einer übertriebenen und unnötig belastenden Form der Konfrontationstherapie, bei der es um maximale Angst- und Peinlichkeitsprovokation geht. Negatives Auffallen um jeden Preis kann zwar einmal eine interessante Erfahrung sein, vor allem dort, wo es keine negativen Folgen hat, wie etwa, wenn man in einer Stadt, wo einen keiner kennt, ein Geschäft in einem Karnevalskostüm betritt, bei Sonnenschein mit einem Regenschirm und Regenkleidung herumläuft, in München nach dem Eiffelturm fragt oder jeden Passanten mit »Du« statt »Sie« anredet. Doch es ist naheliegend, dass man dies nicht im beruflichen Bereich oder im Bekanntenkreis tun sollte, wo durchaus negative Folgen eintreten könnten.

Übertriebene Mutproben, bei denen man durch Provokation und Überschreitung sozialer Normen extrem negativ auffällt, sind abzulehnen, denn sie ermöglichen kein Lernen für den Lebensalltag und sind ungeeignet, positives Verhalten aufzubauen. Derartige Übungen sind ähnlich unsinnig, wie einer Frau mit einem Händewaschzwang zu raten, sich eine Woche lang überhaupt nicht zu waschen, um Schmutz besser ertragen zu lernen. Sich einer Situation auszusetzen, in die sich andere (»normale«) Menschen auch nicht begeben würden, stellt keinen sozialen Lerneffekt für sozialphobische Patienten dar. In vielen Fällen bewirkt es eher eine erneute soziale Traumatisierung durch Bloßstellung und nicht eine Heilung durch Gleichgültig-Werden gegenüber den Reaktionen der sozialen Umwelt.

Schritt 9 – Kompetenztraining: Verbessern Sie Ihre sozialen Fertigkeiten

Man kann viel,
wenn man sich viel zutraut.

WILHELM VON HUMBOLDT

Selbstsicherheit – die Bezeichnung für hohe soziale Kompetenz – vermindert Ihre Ängste im Umgang mit anderen Menschen. Gute soziale Fertigkeiten stellen jedoch keine Garantie dar, dass Sie deswegen bei anderen beliebt sind und nie mehr kritisiert oder abgelehnt werden. Durch ein soziales Kompetenztraining können Sie lernen, soziale Defizite zu überwinden oder durchaus vorhandene soziale Kompetenzen zu aktivieren. Nehmen Sie in sozialen Situationen eine aktive und gestaltende Rolle ein, statt sich ständig in der passiven Rolle des Opfers zu erleben. Wenn Sie sich nicht mehr von Ihren Ängsten steuern lassen, werden Sie wahrscheinlich feststellen, dass Sie über ausreichende soziale Fähigkeiten verfügen, die nur durch Ihre Befürchtungen blockiert waren. Bedenken Sie: Eine Verbesserung Ihrer sozialen Kompetenz kann vorübergehend mehr Spannungen in Partnerschaft, Familie und Beruf zur Folge haben, wenn die anderen mit Ihrer Änderung nicht zurechtkommen.

Wahrnehmungsübungen: Lernen Sie, andere Menschen genau zu beobachten

Sozial ängstliche Menschen nehmen die anderen nicht so wahr, wie sie sind, sondern entsprechend ihrer angstgesteuerten Denkmuster. Beim Training der sozialen Wahrnehmung geht es darum, eine realitätsgerechte, nicht bewertende Sicht auf andere Menschen einzuüben, die frei von den typischen Wahrnehmungsverzerrungen sozialphobischer Personen ist. Trainieren und verbessern Sie zunächst einmal Ihre soziale Wahrnehmung, bevor Sie sich intensiver auf andere Menschen einlassen: Was genau nehmen Sie wahr? Was würden auch andere Beobachter sehen? Was kann man auf einer Videoaufnahme dieser Szene wahrnehmen? Was dagegen sind Ihre inneren Bilder von der Realität?

Werden Sie zum interessierten und neugierigen Beobachter und richten Sie Ihre Aufmerksamkeit auf das, was um Sie herum geschieht. Beobachten Sie andere Personen auf der Straße, in Lokalen, in öffentlichen Verkehrsmitteln, an Haltestellen, am Arbeitsplatz und in der privaten Umgebung. Nehmen Sie zuerst das äußere Erscheinungsbild wahr, danach das Verhalten. Schauen und hören Sie anderen Menschen genau zu, beobachten Sie, was sie tun und sagen. Lernen Sie, andere Menschen bewusst wahrzunehmen. Entschlüsseln Sie die nonverbalen Signale. Jemanden anzusprechen gelingt Ihnen leichter, wenn Sie zuerst einmal nonverbal eine Beziehung aufgebaut haben. Die genaue Beobachtung anderer Menschen ist die erste und einfachste Methode, sicherer zu werden. Die Konzentration auf die anderen ist, wie schon erwähnt, in Angstsituationen auch eine hilfreiche Ablenkung von der ängstlichen Selbstbeobachtung.

Folgende *Tipps* sind hilfreich:

- Beobachten Sie die äußeren Merkmale vorbeigehender oder Ihnen gegenübersitzender Personen und beschreiben Sie sie innerlich: Kleidung, Gesicht, Augen, Frisur, Figur, Körperhaltung, Bewegungen.
- Schätzen Sie diese Personen ein, wie sie auf Sie wirken (deprimiert, aggressiv, gehetzt, lustig, freundlich, sympathisch, unsympathisch, ablehnend, Angst einflößend, selbstbewusst, unsicher, ängstlich).
- Finden Sie anhand Ihrer Beobachtungen heraus, was die anderen interessieren könnte, um später darüber mit Ihnen ein Gespräch zu beginnen.
- Nehmen Sie Ihre Gefühle, Gedanken und körperlichen Reaktionen wahr und beschreiben Sie sie innerlich, während Sie anderen gegenübersitzen oder -stehen. Welche Verhaltensweisen anderer Menschen bewirken bei Ihnen welche Zustände?
- Wenn Ihnen die Nähe anderer Menschen unangenehm ist, weichen Sie aus Übungszwecken dennoch nicht aus, sondern beobachten Sie, welche Gefühle und Gedanken auftreten. Nennen Sie nicht alles gleich »Angst«, wenn Sie vielleicht andere Gefühle haben, wie etwa Einsamkeitsgefühle, Wunsch nach Kontakt oder Ärger über andere.

Nonverbales Sozialverhalten: Achten Sie auf Ihre Körpersignale

Ihre innere Einstellung kommt in Ihrem Verhalten zum Ausdruck – auch dann, wenn Sie keinen Ton von sich geben. Gerade schüchterne und sozial ängstliche Menschen sollten darauf achten, dass ihre Körpersprache soziale Beziehungen erleichtert und nicht verhindert.

Die *Körpersprache* zeigt sich in Form von Blickrichtung, Mimik, Gestik, Händedruck, Haltung und Bewegung, Nähe und Distanz. Auf diese Weise erkennt man, wie unsicher, schüchtern oder kontaktängstlich Sie sind, ohne dass Ihnen dies überhaupt bewusst ist. Sie können zwar versuchen, möglichst unauffällig zu wirken und Ihr Äußeres extrem zu kontrollieren, viele Menschen werden Sie aufgrund Ihrer mangelnden Spontaneität jedoch bald durchschauen. Halten Sie sich für eine gute Schauspielerin? Wenn Sie jede Blöße erfolgreich vermeiden und Sie auch noch stolz darauf sind, dass Sie sich verstellen können, bestätigen Sie sich fatalerweise jedes Mal, wie gefährlich es wäre, Ihr wahres Gesicht zu zeigen.

In sozialen Situationen ist es unmöglich, nicht zu kommunizieren. Wegzuschauen oder großen Abstand zu halten ist genauso eine Stellungnahme wie nichts zu sagen. Normalerweise stimmen verbale und nonverbale Botschaften überein: Ihr nonverbales Verhalten bestätigt und unterstreicht Ihre Worte. Bei sozial ängstlichen Menschen trifft oft das Gegenteil zu. Doch wenn verbale und nonverbale Botschaften nicht übereinstimmen, glauben wir eher dem, was wir sehen, als dem, was wir hören.

Bei den folgenden Hilfestellungen geht es nicht darum, Sie zur ständigen körperlichen Selbstbeobachtung anzuleiten – dies wäre kontraproduktiv. Wir möchten Sie vielmehr nur dazu anregen, Ihr nonverbales Verhalten gezielt zu nutzen, um Ihre Kontaktbereitschaft zu stärken und Ihre Kontaktaufnahmen möglichst erfolgreich zu gestalten. Übernehmen Sie von unseren Vorschlägen nur das, was sich im Rahmen Ihrer Experimente bewährt. Sie sollen keine perfekte Rolle spielen, sondern Ihre eigene Persönlichkeit besser präsentieren lernen. Achten Sie bei allen Übungen auf Ihre Echtheit und studieren Sie kein Rollenverhalten ein, das nicht zu Ihnen passt. Alle Experimente sollen durch Ihre Spontaneität eine persönliche Note erhalten. Nach einiger Zeit des gezielten Trainings werden Sie Ihr einmaliges Wesen wirkungsvoller zum Ausdruck bringen können, ohne ständig irgendwelche Richtlinien beachten zu müssen.

Der *Blickkontakt* umfasst zweierlei: Sie können andere ansehen, und Sie können sich von anderen ansehen lassen. Wie gut können Sie anderen Menschen in die Augen schauen? Wie durchdringend erleben Sie die Blicke der anderen? Fühlen Sie sich von den anderen durchschaut und in Ihrer Unsicherheit ertappt? Sozial ängstliche Menschen weichen dem

Augenkontakt gerne aus und blicken anderswohin (auf den Boden, zur Seite, über die Köpfe hinweg) oder sie schauen im Vergleich zu nichtängstlichen Personen zu wenig auf Augen, Nase und Mund des Gegenübers, sondern eher auf das ganze Gesicht, ohne dabei direkten Augenkontakt zu wagen. Üben Sie einmal ganz bewusst den Blickkontakt, zuerst am besten mit einer Ihnen vertrauten oder sympathischen Person. Durch den Augenkontakt können Sie zu anderen bereits eine gewisse Nähe herstellen, bevor Sie zum ersten Wort ansetzen. Achten Sie darauf, dass Sie zuerst einmal den gegenseitigen Blickkontakt aushalten, bevor Sie in verbalen Kontakt treten. Sie müssen sich anfangs dabei nicht unbedingt wohlfühlen, vor allem wenn Sie den Eindruck haben, aufdringlich zu wirken. Blicken Sie andere Menschen beim Sprechen an und schauen Sie ihnen immer wieder kurz in die Augen, fixieren Sie diese jedoch nicht. Üben Sie dies in Straßenbahnen, Bussen, Zügen und Lokalen, ohne dabei um die Länge des Blickkontakts zu kämpfen, sondern überprüfen Sie nur die Wirkung eines direkten, verlängerten Blicks.

Die *Mimik* zeigt an, wie angespannt oder entspannt Ihre Gesichtsmuskulatur ist. Wie verbissen schauen Sie drein? Wie angespannt sind Ihre Gesichtszüge, Ihre Lippen und Ihre Kiefermuskulatur? Wie verschreckt oder ängstlich-verspannt wirkt Ihr Gesicht? Wagen Sie es öfter ganz bewusst, Ihre Gefühle in Ihrer Mimik auszudrücken, ohne sich durch ein Pokerface zu schützen. Ein freundlicher, entspannter und zugewandter Gesichtsausdruck, vor allem in Form des Lächelns, ist neben dem Blickkontakt das wichtigste nonverbale Signal Ihrer Kontaktbereitschaft. Echtes Lächeln entspannt Ihr Gesicht, nicht aber ein Schutz- oder Verlegenheitsgrinsen. Fällt es Ihnen schwer, unbekannte Menschen anzulächeln? Testen Sie die Wirkung: Lächeln Sie andere an, und Sie werden erleben, dass viele Menschen tatsächlich zurücklächeln. Lächeln Sie vor allem auch einmal einer sympathischen Person des anderen Geschlechts zu. Lächeln wirkt ansteckend: Wenn Sie ein Lächeln aussenden, werden Sie eher ein freundliches Gegenüber antreffen, als wenn Sie andere Menschen finster und misstrauisch anblicken.

Die Entdeckung der sogenannten *Spiegelneurone* (Spiegelnervenzellen) im Gehirn liefert die wissenschaftliche Erklärung für die altbekannte Tatsache, dass wir beim Beobachten und Hören anderer diese unbewusst nachahmen und in uns dieselben Reaktionen entstehen wie bei ihnen. Das gilt auch umgekehrt von Ihrer Wirkung auf andere Menschen. Nutzen Sie die ansteckende Wirkung von Emotionen und Verhaltensweisen und damit Ihren Einfluss auf andere: Ihre Mitmenschen ahmen Ihre Gefühle und Verhaltensweisen unbewusst nach und reagieren auf Sie nonverbal so, wie Sie sich ihnen gegenüber verhalten.

In der *Gestik*, also der Bewegung des Körpers, zeigt sich Unsicherheit vor allem in nervösen Händen, Unruhe in den Beinen, eigenartigen Bewegungen des Kopfes und schlaffem Händedruck. Was sind Ihre charakteristischen Gesten bei Unsicherheit und Ängstlichkeit? Wagen Sie einmal etwas Neues: Unterstreichen Sie mit gewissen Handbewegungen die Bedeutung Ihrer Worte, nicken Sie, wenn Sie einer Sache zustimmen, geben Sie einen kräftigen Händedruck als Zeichen der körperlichen Sicherheit.

Ein aufgerichteter und offener Körper drückt die Bereitschaft zur Begegnung aus. Machen Sie sich in Ihrer Körperhaltung kleiner, als Sie wirklich sind? Stehen Sie wie »geknickt« da: mit gesenktem Kopf, nach vorne geneigten, hängenden Schultern, eingezogenem Nacken und leicht gekrümmtem Rücken? Sitzen Sie in der Runde mit verschränkten Händen und überkreuzten Beinen als Zeichen Ihrer inneren Verschlossenheit oder sind Sie so angespannt, als wären Sie »auf dem Sprung«? Probieren Sie einmal Folgendes: Zeigen Sie durch einen aufgerichteten Körper, zurückgezogene Schultern und erhobenen Kopf mehr Selbstbewusstsein und drücken Sie über Ihre nicht verschränkten Arme eine kontaktbereite Körperhaltung aus. Üben Sie, möglichst selbstbewusst dazustehen und andere anzublicken. Wenden Sie sich anderen während des Gesprächs auch körperlich zu. Gehen Sie gerade aufgerichtet auf unbekannte Personen zu, mit direktem Blickkontakt, und beobachten Sie, ob diese ausweichen. Erleben Sie so die Wirkung Ihres körperlichen Auftretens auf andere Menschen.

Die *räumliche Distanz* stellt für sozial ängstliche Menschen ein typisches Sicherheitsverhalten dar. Stehen oder sitzen Sie nicht abseits von anderen, sondern experimentieren Sie, wie viel räumliche Nähe zu anderen Menschen Sie sich zumuten können.

Das *äußere Erscheinungsbild* ist bei sozial ängstlichen Menschen auf größtmögliche Unauffälligkeit gerichtet. Betonen Sie Ihr Äußeres bewusst in der für Sie passenden Form durch Kleidung, Frisur, Schmuck oder Make-up, um die Aufmerksamkeit der anderen zu erregen.

Die *Stimme* vermittelt ebenfalls einen Eindruck Ihrer Persönlichkeit. Eine leise, zittrige oder hohe Stimme, ein monotoner Tonfall, eine undeutliche Sprache und ein nervöses Sprechtempo lassen Sie ängstlich wirken. Sprechen Sie daher angemessen laut und deutlich, mit melodisch-rhythmischem Klang und kleinen Pausen ohne Hektik. Bei Angst wird Ihre Stimme durch die damit verbundene Verspannung höher, doch durch eine gute Zwerchfellatmung kann Ihre Stimme wieder aus der Mitte Ihres Körpers kommen.

Erforschen Sie die Reaktionen der Umwelt auf kleine nonverbale Veränderungen Ihres Verhaltens und entdecken Sie dabei Ihre Einflussmöglichkeiten auf das Verhalten der anderen.

Verbales Sozialverhalten: So kommunizieren Sie erfolgreich

Nach der Überprüfung und Verbesserung Ihres nonverbalen Verhaltens können Sie sich nun den Möglichkeiten und Fallstricken des verbalen Sozialkontakts, also der direkten Begegnung mit anderen Menschen, widmen. Sind Sie schüchtern, sollten Sie sich eine kleine Aufwärmphase gönnen und sich nicht vorschnell zu sozialen Kontakten zwingen. Erweitern Sie dann langsam Ihre Schutzzonen und öffnen Sie sich bewusst für unvertraute Menschen, Orte und Situationen. Denken Sie daran: Sie können trotz Schüchternheit und Kontaktängstlichkeit selbstsicher handeln. Stehen Sie zu sich, wie Sie nun einmal sind. Sie wirken unecht und nicht authentisch, wenn Sie versuchen, den Draufgänger und coolen Typen zu spielen. Vertrauen Sie darauf, dass andere Ihre wahren Qualitäten erkennen werden, wenn Sie nicht versuchen, ihnen etwas vorzuspielen.

Wir schlagen Ihnen zur Erweiterung und Intensivierung Ihrer Sozialkontakte *Übungen mit zunehmender persönlicher Nähe* vor: einfache Ansprechübungen, körperliche Näheerfahrungen, Smalltalk und längere Gespräche. Es geht dabei darum, dass Sie aktiv werden und auf die Gesprächssituation Einfluss nehmen, statt passiv darauf zu warten, bis Sie angesprochen werden.

Ansprechübungen sind eine Form der kurzen Kontaktaufnahme mit fremden Personen, deren Reaktion keinesfalls immer positiv sein muss, damit Sie sich für den Erfolg loben können. Der Erfolg besteht vielmehr darin, dass Sie Mut zu neuen Verhaltensweisen gezeigt haben.

- Fragen Sie Passanten nach einer Straße, nach einem komplizierten Weg, nach der Uhrzeit, nach einem Geschäft oder bestimmten Gebäude.
- Stellen Sie sich vor eine Telefonzelle und fragen Sie Passanten, ob sie Ihnen eine Münze wechseln können.
- Begrüßen Sie freundlich eine unbekannte Person und fragen Sie diese, ob es sein kann, dass Sie sich von irgendwoher kennen.

- Reden Sie im Bus, Zug oder Lokal sowie auf einer Parkbank fremde Personen an.
- Fragen Sie Fremde nach deren Meinung (z. B. »Welches Lokal würden Sie mir empfehlen?«).
- Sprechen Sie andere Personen mehrfach mit dem Namen an. Das drückt Wertschätzung der Gesprächspartner aus und schafft rasch ein Gefühl von gegenseitiger Nähe.
- Sprechen Sie in Geschäften Verkäuferinnen an, um sich beraten zu lassen, ohne etwas zu kaufen. Reden Sie dabei gerade jene Menschen an, die Sie spontan eher nicht ansprechen würden.
- Sprechen Sie eine Person des anderen Geschlechts an oder einen Menschen, den Sie als Ehrfurcht gebietend erleben.

Lernen Sie, *körperliche Nähe zu ertragen.* Dies ist eine wichtige Voraussetzung für längere Gespräche:
- Tolerieren Sie in einem überfüllten Bus, Aufzug, Kaufhaus, Lokal, Kino, Schwimmbad, Wartezimmer oder Veranstaltungssaal die Nähe fremder Menschen.
- Besuchen Sie eine Sauna oder lassen Sie sich bei Verspannungen massieren.
- Fragen Sie in einem vollen Speiselokal an einem Tisch die Anwesenden, ob Sie sich dazusetzen dürfen, und halten Sie sich dort mindestens eine Stunde lang auf.
- Nehmen Sie an Kursen teil, wo Sie mit fremden Menschen in Kontakt treten müssen (z. B. Kurse der Erwachsenenbildung).
- Nehmen Sie an einer mehrtägigen Gruppenreise mit unbekannten Personen teil.
- Organisieren Sie eine Party und laden Sie auch Leute ein, die nicht zu Ihrem engen Freundeskreis zählen.

Lob und Komplimente erteilen ist ebenfalls eine gute Möglichkeit zur Aufnahme oder Intensivierung von sozialen Kontakten, vor allem wenn die Anerkennung durch Blickkontakt verstärkt wird. Loben Sie das gute Essen im Lokal oder bei einer Einladung, loben Sie eine andere Person für ihr Äußeres oder ihren Auftritt, loben Sie eine Verkäuferin für die gute Beratung. Sie kennen das von sich selbst: Jeder Mensch sehnt sich nach Anerkennung und Bestätigung. Wenn Sie jemanden loben, zeigen Sie sich in einer Position der Stärke. Loben Sie andere für ganz konkrete Verhaltensweisen und Eigenschaften. Eine derartige Wertschätzung für andere schafft sofort ein Gefühl von Nähe und Sympathie. Ihr Lob sollte stets aufrichtig sein, dabei kommen Ihre Emotionen ganz spontan zum Ausdruck. Ihre Wertschätzung für andere darf nicht gleichzeitig mit einer Selbstabwertung (»Das hätte ich nie so gut gekonnt!«) einhergehen, weil dann die anderen Ihr Lob nicht wirklich annehmen können oder umgekehrt gezwungen sind, Sie zu loben.

Lernen Sie auch *Lob anzunehmen*, ohne es durch Bemerkungen zu entwerten, wie etwa: »Das habe ich schon mal besser gemacht.« Achten Sie auf die *Lob-Falle:* Lassen Sie sich durch Lob im Beruf und im Privatleben keinesfalls zu weiteren Leistungen überreden, die Sie nicht wirklich gerne erbringen möchten. Soziale Ängste können durch Lob verstärkt werden, weil Sie dadurch in einen Erwartungsdruck geraten, andere Menschen keinesfalls zu enttäuschen.

Smalltalk – das belanglose Gespräch zu Beginn einer Begegnung – ist für viele sozial ängstliche Menschen ein Gräuel. Fällt es auch Ihnen schwer, Smalltalk zu betreiben und eine Zeit lang nur Banalitäten und Gemeinplätze auszutauschen? Meinen Sie, immer etwas Vernünftiges sagen zu müssen? Halten Sie sich vor Augen, dass es anfangs nur darum geht, durch eher oberflächliche Bemerkungen das Eis zu brechen, sich gegenseitig zu »beschnuppern« und bei weiterem Interesse engeren Kontakt aufzunehmen.

Sozial ängstliche Menschen finden oft kein Gesprächsthema oder beurteilen das, was ihnen einfällt, als nicht interessant genug. Sie halten aus Angst vor Kritik häufig ihre Einstellungen und Gefühle zurück, neigen dazu, soziale Beziehungen als bedrohlich fehlzuinterpretieren, und haben Schwierigkeiten, ihre Wünsche und Bedürfnisse offen zu kommunizieren. Wir geben Ihnen im Folgenden einige Ratschläge zu den vier Ebenen der Kommunikation (Sachebene, Selbstoffenbarung, Beziehungsebene, Appellebene).

Auf der *Sachebene* empfiehlt es sich zu Beginn eines Gesprächs, über die aktuelle Situation (die momentane Umgebung), über den Gesprächspartner (sein letztes Wochenende) oder über Ihre Person (Ihre Arbeitssituation) zu reden, aber auch über etwas Vergangenes (ein Erlebnis), gerade Gegenwärtiges (momentane Empfindungen) oder Zukünftiges (bestimmte Pläne). Sprechen Sie anfangs vor allem über Dinge, die Sie in diesem Moment mit Ihrem Gegenüber verbinden, also über etwas, das auch der andere gerade sieht, hört oder spürt. Anknüpfungspunkte für Gespräche über Gemeinsamkeiten sind schnell gefunden: das Wetter, die momentane Situation (Geschäft, Lokal, Behörde, öffentliches Verkehrsmittel, Bushaltestelle, Wartezimmer), das Interesse an bestimmten Produkten, das äußere Erscheinungsbild oder die aktuellen Tagesnachrichten.

Auf der Ebene der *Selbstoffenbarung* geht es darum, aus sich herauszugehen und dem Gesprächspartner durch eine persönliche Mitteilung einen Vertrauensvorschuss zu geben. Geben Sie nicht gerne von sich etwas preis nach dem Motto, je weniger die anderen von Ihnen wissen, desto weniger verwundbar sind Sie? Wagen Sie es einmal, etwas Persönliches über sich zu sagen, und der andere wird ebenfalls eher etwas über sich sagen, als wenn Sie ihn ständig nur mit Fragen »löchern«. Sprechen Sie nicht nur über Fakten und Meinungen, sondern äußern Sie dabei auch Ihre Gefühle, um persönlicher und nicht sachlich-kühl zu wirken. Verwenden Sie bei Aussagen über sich selbst das Wort »ich« (senden Sie also Ich-Botschaften) statt des unpersönlichen Wortes »man«. Stellen Sie im Gespräch mehr offene Fragen, die dem anderen verschiedene Antwortmöglichkeiten erlauben, und weniger geschlossene Fragen, die man nur mit Ja oder Nein beantworten kann.

Auf der *Beziehungsebene* geht es darum, sich dem anderen zuzuwenden und auf ihn einzugehen. Verstärken Sie den anderen durch nonverbale Signale (Nicken, Zugewandtheit) und verbale Zeichen und ermutigen Sie ihn, weiter über sich zu reden (z. B. durch Aussagen wie: »Das ist aber interessant!«). Zeigen Sie Interesse an den Worten des anderen, indem Sie *aktives Zuhören* praktizieren: Es geht darum, wertschätzend auf den anderen einzugehen (eine Fähigkeit, die viele schüchtere Menschen auszeichnet) und nicht gleich über sich selbst etwas zu sagen, die Aussagen des anderen zu bewerten oder Verallgemeinerungen vorzunehmen. Sie stellen vielmehr Verständnisfragen, fassen die Aussagen des anderen zusammen, um zu überprüfen, ob Sie ihn richtig verstanden haben, und kommen vielleicht auch auf die Empfindungen des anderen zu sprechen. Der andere wird sich durch ein derartiges Verhalten verstanden fühlen und gerne über sich weitererzählen. Das interessierte Eingehen auf Ihr Gegenüber bewahrt Sie auch davor, dass Ihr schüchternes Verhalten – wie dies sozial ängstlichen Menschen häufig passiert – plötzlich ins Gegenteil umschlägt und Sie in ein Monologisieren über sich selbst verfallen. Machen Sie sich trotz aller Bemühungen nicht zu viel Stress: Für das Gelingen des Gesprächs sind Sie nur zur Hälfte verantwortlich, für die andere Hälfte ist Ihr Gesprächspartner zuständig.

Auf der *Appellebene* geht es darum, die eigenen Wünsche und Bedürfnisse offen auszusprechen und auf die Erwartungen und Forderungen der anderen angemessen zu reagieren, wie wir dies im Abschnitt über Selbstbehauptung näher darstellen werden.

Zur *Intensivierung persönlicher Kontakte* mit länger dauernden Gesprächen eignen sich Verabredungen in Lokalen, Einladungen in die eigene Wohnung, Vereinbarungen gemeinsamer sportlicher oder kultureller Aktivitäten oder Besuche von Partys. Es geht dabei nicht darum, dass Sie andere Personen mit allen Mitteln zu engeren Kontakten überreden lernen, sondern vielmehr darum, dass Sie einmal initiativ werden und zumindest die Chance auf engere persönliche Kontakte nutzen.

In *Gruppensituationen* führen sich Menschen mit sozialen Ängsten oft als Außenseiter. Sie haben das Gefühl, anders zu sein oder nicht dazuzugehören, und erleben die anderen völlig unzutreffend als verschworene Gemeinschaft, zu der man kaum zugelassen wird. Lösen Sie sich von diesem Mythos, der Sie automatisch außerhalb jeder Gruppe stehen lässt. Betrachten Sie jedes Gruppenmitglied als einzigartiges Individuum, das sich von den anderen in vielfacher Hinsicht unterscheidet. Treten Sie dann mit einzelnen Personen der Gruppe in Kontakt und verzichten Sie auf den Anspruch, sich bei allen wohlfühlen und von allen anerkannt sein zu müssen. Wenn Sie in einer Runde von acht Leuten nur mit zwei davon oder in einer Tischgesellschaft von sechs Personen nur mit einem Nachbarn in näheren Kontakt gekommen sind, sollten Sie dies als Erfolg verbuchen.

Bei Angst vor großen Runden ist es hilfreich, die Gruppe gleichsam in ihre einzelnen Mitglieder zu zerlegen und diese bei Vier-Augen-Kontakten oder zumindest in kleineren Runden näher kennenzulernen. Wenn Sie emotionale Kontakte mit einzelnen Personen aufbauen, fühlen Sie sich gleich in der ganzen Gruppe wohler, auch wenn Sie nicht mit allen in Beziehung stehen und nicht wissen, wie die anderen Ihnen gegenüber eingestellt sind. In ähnlicher Weise verhalten sich auch Referenten vor großen Gruppen: Sie blicken einzelne Zuhörer an, um Sicherheit zu gewinnen.

Selbstbehauptung: Vertreten Sie Ihre Bedürfnisse

Der Begriff der *Selbstbehauptung* umfasst Fähigkeiten wie berechtigte Forderungen stellen und Wünsche äußern, Nein sagen und sich abgrenzen, Kritik- und Konfliktfähigkeit zeigen, öffentliche Beachtung aushalten. Berechtigte Forderungen stellen bezieht sich auf folgende Fertigkeiten: Auskünfte erfragen, sich beschweren, auf etwas bestehen, jemanden um etwas bitten, etwas für sich oder für andere verlangen, gegen Unrecht protestieren. Nein sagen und sich abgrenzen bezweckt Folgendes: sich nicht ausnutzen lassen, es nicht immer allen recht machen wollen, auf die eigenen Bedürfnisse achten, es aushalten, dass andere verärgert sein könnten, sich Auseinandersetzungen stellen, statt ihnen konfliktscheu auszuweichen, etwas ablehnen, eine Bitte abschlagen, einen Vorschlag zurückweisen. Kritik- und Konfliktfähigkeit zeigen sich in folgenden Fähigkeiten: Kritik offen, bestimmt und in akzeptabler Form ausdrücken, berechtigte Kritik annehmen, einen Fehler machen können. Öffentliche Beachtung aushalten bedeutet, im Mittelpunkt stehen (z. B. einen Vortrag halten, laut reden) können.

Äußern Sie Ihre Wünsche und berechtigte Kritik. Sagen Sie klar, was Sie wollen und was Sie stört. Wenn Sie etwas nicht tun möchten, erteilen Sie eine klare Absage, ohne dass Sie dies umständlich begründen. Lernen Sie, Nein zu sagen, und grenzen Sie sich gegenüber unberechtigten oder unliebsamen Forderungen ab. Überlegen Sie einmal: Wo sagen Sie aus Angst, Mitleid oder Fürsorge Ja, wo Sie eigentlich lieber Nein sagen würden? Nein sagen fällt Ihnen leichter, wenn Sie es mit einem Ja verbinden – mit einem Ja zu Ihren Bedürfnissen. Wenn Sie mehr auf sich selbst und Ihre Regeneration schauen, bekommen Sie auch wieder mehr Energie, für andere da sein zu können. Gesunder Egoismus ist in diesem Sinne eine soziale Haltung.

Menschen mit sozialen Ängsten neigen dazu, alles aus der Sicht der anderen zu betrachten. In positiver Hinsicht ermöglicht ihnen diese Haltung ein gutes Einfühlungsvermögen in ihr Gegenüber. Ihre Empathie für andere führt jedoch häufig dazu, dass sie bei unterschiedlichen Meinungen, Interessen und Bedürfnissen die anderen wichtiger nehmen als sich selbst. Und wie ist es bei Ihnen? Es ist gut, wenn Sie sich in einem ersten Schritt in die Lage der anderen versetzen können, Sie müssen dann jedoch in einem zweiten Schritt die Perspektive wechseln, um Ihre Wünsche und Ziele erfolgreich vertreten zu können.

Bekommen Sie Schuldgefühle, wenn Sie einmal nicht so nett sind wie erwartet, sondern auf Ihre eigenen Bedürfnisse achten? Fürchten Sie Kritik oder Liebesentzug, sodass Sie lieber nachgeben, sich anpassen und unterordnen, als Ihren eigenen Weg zu gehen? Fällt es Ihnen andererseits auch schwer, ein sachliches Nein vonseiten anderer Menschen hinzunehmen, weil Sie dies mit einer persönlichen Ablehnung gleichsetzen?

Eine bessere Durchsetzungsfähigkeit soll nicht zu rücksichtslosem Verhalten führen. Verzichten Sie im Rahmen Ihres Selbstbehauptungstrainings auf ungesunden Egoismus und aggressive Durchsetzungsversuche um jeden Preis, sondern entscheiden Sie sich für eine Selbstbehauptung nach der *Win-Win-Strategie:* Suchen Sie nach einer Lösung, die die

Bedürfnisse aller zumindest in einem Mindestmaß berücksichtigt. Vermeiden Sie Machtkämpfe nach dem Motto »Sieg oder Niederlage«, achten Sie vielmehr darauf, dass am Ende des Gespräches alle Beteiligten das Gefühl haben, auf ihre Rechnung gekommen zu sein. Sozial kompetentes Verhalten soll immer auch *sozial intelligentes Handeln* sein, das die sozial und kulturell geltenden Regeln berücksichtigt.

Was den Aspekt *Forderungen stellen* betrifft, schlagen wir Ihnen folgende Übungen vor:

- Versuchen Sie, in Geschäften die Verkäufer möglichst lange in Gespräche über Sachfragen zu bestimmten Produkten (z. B. elektrischen Geräten) zu verwickeln, und machen Sie dabei deutlich, dass Sie bestimmte Anforderungen an die Qualität der Waren stellen.
- Gehen Sie in ein Schuhgeschäft und probieren Sie mindestens drei Paar Schuhe an, ohne welche zu kaufen. Handeln Sie ähnlich in einem Kleidergeschäft.
- Wenn es irgendwo laut zugeht, bitten Sie die betreffenden Personen freundlich, aber bestimmt, leiser zu sein.
- Stellen Sie eine Forderung an Ihren Partner, die Ihnen wichtig ist, ihn aber vielleicht verärgern könnte.
- Äußern Sie in Ihrem Wohnumfeld eine Beschwerde zu einem Sachverhalt, der Sie schon lange beschäftigt.
- Richten Sie Forderungen an Verwandte, deren Verhalten Sie schon lange ärgert.
- Äußern Sie gegenüber Ihrem Vorgesetzten oder Arbeitskollegen einen berechtigten Wunsch, auch wenn wenig Aussicht auf Erfolg besteht.
- Sagen Sie Freunden und Arbeitskollegen, was Sie stört und was Sie sich wünschen.

Überlegen Sie, ob Sie aus Angst vor Kritik bzw. Ablehnung Probleme im Umgang mit anderen Menschen haben oder ob dies wegen mangelnder sozialer Fähigkeiten so ist. Viele Menschen mit Sozialphobie streben primär deshalb eine bessere Kommunikation an, weil sie hoffen, dadurch die belastende Angst vor Ablehnung überwinden zu können. In diesem Fall ist anfangs eher ein *Ablehnungstraining* (Ablehnung provozieren und besser ertragen lernen) angezeigt, nicht ein Kommunikationstraining. Lernen Sie, Ihre Angst vor Ablehnung zu bewältigen. Verhalten Sie sich bestimmten Menschen gegenüber absichtlich so, dass Sie mit einer Ablehnung rechnen müssen:

- Bitten Sie jemanden, Ihnen Kleingeld für eine Fahrkarte oder einen Zigarettenautomaten zu schenken.

- Fragen Sie eine unbekannte Dame, ob Sie ihr die Tasche oder den Koffer tragen dürfen.
- Fragen Sie einen eilig vorbeigehenden Passanten, der wenig Zeit zu haben scheint, nach einem komplizierten Weg.
- Fragen Sie einen streng und seriös wirkenden Herrn, ob er Ihnen ein gutes Speiselokal in der Nähe empfehlen kann.
- Reden Sie, wenn Sie allein unterwegs sind, eine Person des anderen Geschlechts an und versuchen Sie, sich fünf Minuten mit ihr zu unterhalten, obwohl Sie den Eindruck haben, dass diese Person nicht mit Ihnen reden will.
- Setzen Sie sich in einem Lokal oder Zugabteil auf einen reservierten Platz, um die Erfahrung des Aufstehen-Müssens ertragen zu lernen.
- Versuchen Sie, in einem Geschäft bei einem Produkt einen niedrigeren Preis auszuhandeln, obwohl dies sehr unwahrscheinlich ist.

Wie steht es um Ihre Selbstbehauptung im Kreis der engsten Angehörigen? Taktieren Sie viel, um niemanden zu kränken und um Spannungen zu verhindern? Opfern Sie Ihre Bedürfnisse zugunsten einer oberflächlichen Familienharmonie? Leben Sie zu abhängig von Ihren Eltern oder Ihrem Partner? Neben den schönen Seiten einer (über-)engen Beziehung zeigen sich hier auch die Schattenseiten: Die Entwicklung in Richtung eines eigenständigen Lebens wird behindert. Leben Sie auch dann ein selbstständiges Leben, wenn sich Angehörige plötzlich darüber beschweren sollten, dass Sie seit der Verminderung Ihrer sozialen Ängste weniger verfügbar sind. Langfristig wird Ihre größere Zufriedenheit auch Ihren Angehörigen zugutekommen.

Experiment »Selbstsicherheit vortäuschen«: Beobachten Sie die Auswirkungen davon

Andere Menschen sagen und tun, was sie gerade denken und fühlen, ohne sich ständig zu fragen, ob sie richtig liegen. Dabei sind sie innerlich oft unsicherer, als sie nach außen hin zugeben, unternehmen aber dennoch jeden Versuch, um die gewünschten Wirkungen zu erzielen.

Verhalten Sie sich einmal so, als ob Sie selbstsicher wären, obwohl Sie sich innerlich nicht so fühlen. Nehmen Sie sich andere zum Vorbild und ahmen Sie diese nach, bis Sie Ihren persönlichen Stil gefunden haben. Was würden Sie sagen und tun, wenn Sie wirklich selbstsicher wären? Akzeptieren Sie probeweise Ihr Gefühl der inneren Unsicherheit und ver-

halten Sie sich in verschiedenen Situationen so, dass Sie Ihre Ziele erreichen, wie mulmig Sie sich auch innerlich fühlen mögen.

Beobachten Sie, welche Wirkung dieses »Als ob«-Verhalten auf andere
Menschen hat, auch wenn Sie denken, jedermann würde Ihre Unsicherheit bemerken. Sie werden eine erstaunliche Entdeckung machen: Sie
können trotz Ihres inneren Unwohlseins auf andere die gewünschte Wirkung erzielen, und Sie werden bemerken, dass die anderen zunehmend
auf Ihre Wünsche und Anliegen eingehen. Je öfter Sie diese Erfahrung
machen, desto mehr wird Ihnen bewusst werden, dass Sie gar nicht so
viel Training in sozialer Kompetenz benötigen. Sie müssen Ihre vorhandenen Fähigkeiten einfach häufiger einsetzen, auch wenn Sie Zweifel
haben, ob es in Ordnung ist, was Sie wünschen, sagen und tun. Stehen
Sie zu sich und Ihren Bedürfnissen, trotz aller Zweifel und unguten Gefühle.

Schritt 10 – Stärkung des Selbstwertgefühls: Erhöhen Sie Ihr Selbstvertrauen

Selbstvertrauen ist die Quelle des Vertrauens zu anderen.

FRANÇOIS DE LA ROCHEFOUCAULD

Ein geringes Selbstwertgefühl begünstigt die Entwicklung sozialer Ängste, es kann aber auch ihre Folge sein, wenn sie über viele Jahre bestehen. Viele sozial ängstliche Menschen sind der Meinung, man hat entweder im Laufe des Lebens ausreichend Selbstwertgefühl mitbekommen oder Pech gehabt. Dann hat man es eben nicht, kann nichts dagegen unternehmen und muss deswegen für immer ein Angsthase bleiben. Doch dies ist ein Trugschluss. Sie können durchaus lernen, Ihr Selbstwertgefühl zu verbessern und Ihr Selbstvertrauen zu stärken, ohne in die gegenteilige, ebenso falsche Haltung zu verfallen, nämlich zu erwarten, dass mit einem hohen Selbstwertgefühl jegliche Angst vor anderen Menschen komplett verschwindet. Das Selbstwertgefühl zu verbessern, geht mit grundlegenden Veränderungen im Selbstbild einher, was allerdings mehr Zeit erfordert als Änderungen auf der Ebene von Einstellungen und Verhaltensweisen.

Gesundes Selbstwertgefühl: Fürchten Sie sich weniger vor anderen Menschen

Ein *gesundes Selbstwertgefühl* oder *Selbstbewusstsein* ist mehr als selbstsicheres Auftreten, Durchsetzungskraft und psychische Stärke. »Sich seiner selbst bewusst zu sein« bedeutet, seine eigenen Bedürfnisse, Gefühle und körperlichen Zustände voll wahrnehmen und annehmen zu können. Wer sich in seiner momentanen Befindlichkeit selbst ablehnt, kann der befürchteten oder tatsächlichen Kritik kaum etwas entgegensetzen. Sich selbst in seinem So-Sein besser anzunehmen, stellt die erste positive Veränderung dar.

Unser *Selbstwertgefühl* umfasst zwei Bereiche: Überzeugt sein von unserem Wert und – daraus folgend – Vertrauen in unsere Fähigkeiten. Wir

172

können es aber auch verstehen als das Ergebnis der Gesamtbeurteilung unserer Person. Wie steht es um Ihr Selbstwertgefühl? Was halten Sie von sich selbst als Person und welche Folgen hat dies für Ihr Leben? Was glauben Sie, was die anderen von Ihnen als Mensch halten, und wie wirkt sich dies auf Ihr Leben aus? Die Antwort auf beide Fragen bestimmt das Ausmaß Ihrer Angst vor Kritik. Je mehr Angst Sie haben, Ihren eigenen Leistungskriterien nicht zu entsprechen und zu versagen, desto größer ist Ihre Angst vor fremder Beurteilung, aber auch Ihr Bedürfnis nach Bestätigung durch andere Menschen. Je mehr Sie sich mit Ihren Fehlern und Schwächen akzeptieren können und sich selbst nicht ständig dafür kritisieren, desto weniger fürchten Sie sich vor Kritik. Sagen Sie sich in *Selbstgesprächen* Sätze vor, wie etwa: »Ich kenne mich selbst am besten und weiß, was ich bin und was ich nicht bin. Ich stehe zu mir und arbeite an mir, mich weiterzuentwickeln. Die anderen können mich in mancher Hinsicht nur deshalb kritisieren, weil ich zunehmend Dinge mache, die ich früher aus Angst vor Kritik völlig vermieden hätte.«

Menschen mit niedrigem Selbstwertgefühl können im Gegensatz zu Menschen mit hohem Selbstwertgefühl kleine Schwächen und Fehler nicht tolerieren, weil sie diese als Ausdruck ihrer völligen Unfähigkeit verstehen. Sie haben eine Übersensibilität gegenüber kritischer Bewertung, weil sie diese als Zeichen der Ablehnung sehen. Der Zusammenhang ist wissenschaftlich belegt: Bei geringem Selbstwertgefühl besteht eine erhöhte Angst vor Kritik und Ablehnung. Personen mit gesundem Selbstwertgefühl haben zwar ebenso Beurteilungsängste, sie kommen jedoch rascher über Fehler hinweg und lassen sich durch kritische Bemerkungen nicht so schnell entmutigen.

Menschen mit geringem Selbstwertgefühl haben durch ihr geringes Selbstvertrauen eine ausgeprägte Misserfolgserwartung, die die Wahrscheinlichkeit des Versagens erhöht. Tatsächlich erlebte Misserfolge schwächen dann erst recht das ohnehin geringe Selbstvertrauen. Studien zeigen: Bei realen Misserfolgen gewinnen Menschen mit hohem Selbstwertgefühl rascher wieder ihre Stabilität zurück, indem sie sich auf ihre Stärken besinnen. Menschen mit geringem Selbstwertgefühl dagegen reagieren mit einer Fokussierung auf ihre Schwächen, wodurch sie sich einengen und selbst lahmlegen. In der Folge meiden sie immer mehr soziale Begegnungen und Leistungssituationen und bringen sich damit auch um die Chance auf ausgleichende Erfolgserlebnisse. Alle Menschen suchen nach Misserfolgen eine Bestätigung: Bei Selbstunsicheren ist es allerdings der Beweis ihrer Unfähigkeit, während Selbstsichere die Gelegenheit suchen, es beim nächsten Mal besser zu machen.

Viele Personen mit sozialen Ängsten glauben, wenn sie ein unerschütterliches Selbstwertgefühl hätten, wären sie immun gegenüber der Angst vor anderen Menschen. Typisch sind Aussprüche wie: »Wenn ich selbstbewusst genug wäre, wären mir die anderen und ihr Urteil egal.« Das ist ein völliger Irrtum. Ein gutes Selbstwertgefühl schützt keinesfalls vor Beurteilungsängsten, denn es ist ganz normal, gut ankommen zu wollen, über Misserfolge enttäuscht zu sein und bei Fehlern mit kritischer Beurteilung rechnen zu müssen. Ein gutes Selbstwertgefühl hilft allerdings, leichter mit Blamage, Versagen und Kritik zurechtzukommen, ohne die eigene Person ganz auf Fehler und Schwächen zu reduzieren. Wir gewinnen dadurch die Kraft und den Mut, trotz Rückschlägen konsequent an der Weiterentwicklung unserer Person zu arbeiten.

Verzichten Sie auf die Utopie eines immer stabilen Selbstwertgefühls – es ist nämlich je nach Alter und Lebenssituation jeweils ein anderes notwendig. Wenn Sie 70 Jahre alt sind und vielleicht körperlich und geistig bereits geschwächt, brauchen Sie ein anderes Selbstwertgefühl als im Alter von 30 oder 40 Jahren. Es gibt Quellen Ihres Selbstwertgefühls wie etwa körperliche Attraktivität, beruflicher Erfolg und soziale Anerkennung, die sehr vergänglich sind. Ihr Selbstwertgefühl muss dann aus neuen Wurzeln seine Kraft beziehen, etwa aus bestimmten emotionalen Bindungen oder weltanschaulichen und wertebezogenen Orientierungen.

Die Quellen des Selbstwertgefühls herausfinden: Besinnen Sie sich auf Ihre Stärken

Unser Selbstwertgefühl wird dadurch bestimmt, dass wir in vier zentralen Bereichen Erfolge erleben können:

- *Leistung* (Ausbildung, Beruf, Wissen, kognitive Fähigkeiten und spezielle Fertigkeiten),
- *Sozialbeziehungen* (Familie, Freunde, Bekannte, soziale Fähigkeiten und Erlebnisse),
- *emotionales Erleben* (momentane Gefühle und Stimmungen, überdauernde emotionale Grundstimmung),
- *körperliche Aspekte* (Erscheinungsbild und körperliche Fähigkeiten).

Personen mit hohem Selbstwertgefühl erleben sich als leistungsfähig, sozial kompetent, emotional stabil, körperlich attraktiv und liebenswert. Menschen mit niedrigem Selbstwertgefühl sind unsicher hinsichtlich ihrer Leistungsfähigkeit, fürchten sich vor Kontakten mit anderen Personen, leiden unter den eigenen Stimmungsschwankungen und unterschätzen ihre körperlichen Fähigkeiten. Menschen, die im Umgang mit anderen ernsthaft beeinträchtigt sind, neigen dazu, ihre Schwachstellen überzubetonen, und nutzen zu wenig die anderen Bereiche, um ihr Selbstwertgefühl zu stärken. Das ist verständlich: Soziale Kompetenz wird durch die aktuellen Entwicklungen in unserer Gesellschaft immer wichtiger und der soziale Vergleichsdruck in Arbeitswelt und Freizeit immer größer. Das Gefühl, mit den anderen nicht mithalten zu können, führt leicht zum sozialen Rückzug. Es kommt zu einem unheilvollen Teufelskreis, der nur durch die Verbesserung des allgemeinen Selbstwertgefühls durchbrochen werden kann.

Schüchterne und sozial ängstliche Menschen haben oft viele beeindruckende Fähigkeiten, die sie häufig unterschätzen, statt sie zur Stärkung ihres Selbstvertrauens einzusetzen. Oft handelt es sich um nichtsoziale Fähigkeiten, derer sie sich oft gar nicht bewusst sind. Ist das bei Ihnen ähnlich? Zur besseren Stabilisierung Ihres Selbstwertgefühls möchten wir Ihnen gerne folgende Fragen stellen: Was können Sie gut, was sind Ihre Stärken? Können Sie gut kochen, tanzen, autofahren oder organisieren? Sind Sie sprachlich, künstlerisch oder sportlich talentiert? Malen, schreiben oder komponieren Sie in einer Weise, wie andere dies nicht können? Haben Sie technisches oder handwerkliches Geschick? Verfügen Sie über einen häuslichen Sinn, der Ihr eigenes Wohlbefinden und das Ihrer Familie begründet? Haben Sie ein beeindruckendes Allgemeinwissen, ein gutes Gedächtnis, eine rasche Auffassungsgabe, ein überdurchschnittliches Intelligenzniveau? Können Sie gut mit Geld umgehen? Haben Sie besondere berufliche Fähigkeiten? Sind Sie ein tüchtiger und fleißiger Mensch, der es in verschiedener Hinsicht schon weit gebracht hat? Können Sie gut mit Kindern, älteren Menschen oder Tieren umgehen? Können Sie stolz sein auf Ihr äußeres Erscheinungsbild? Weisen Sie bestimmte charakterliche Merkmale auf, die andere an Ihnen schätzen, wie etwa große Hilfsbereitschaft, absolute Verlässlichkeit oder gutes Einfühlungsvermögen?

Kann es sein, dass Sie Ihre Fähigkeiten und Stärken erheblich unterschätzen und sich überall dort mit anderen vergleichen, wo Sie schlechter abschneiden? Auf diese Weise untergraben Sie Ihr Selbstvertrauen, das in Bezug auf verschiedene andere Bereiche durchaus vorhanden sein sollte. Wir können uns an dem orientieren, was wir sind und was wir haben, oder an dem, was wir nicht sind und was wir nicht haben. Konzentrieren Sie sich trotz Mängel und Schwachstellen auf Ihre Stärken und deren

Ausbau und tolerieren Sie mögliche Kritik. Bei Defiziten ist die Ausrichtung auf die positiven Seiten Ihrer Person – im Fachjargon »Ressourcenorientierung« genannt – erfolgversprechender als die einseitige Konzentration auf Ihre Schwächen und Fehler, deren Verheimlichung und spätere Beseitigung. Können Sie sich trotz Ihrer Schwächen und Fehler liebenswert finden?

Selbstakzeptanz ist eine unerschöpfliche Quelle für ein stabiles Selbstwertgefühl. Nehmen Sie sich zumindest momentan so an, wie Sie sind, ohne ständig daran zu denken, wie Sie gerne sein möchten. Es klingt paradox: Wenn Sie sich zunächst einmal in Ihrem So-Sein akzeptieren, können Sie sich später auch leichter ändern. Sie können dann Ihre Energie dazu verwenden, sich weiterzuentwickeln, statt sich wegen Ihrer Schwächen innerlich zu zerfleischen. Machen Sie den Wert Ihrer Person jedoch nicht einseitig von erhofftem Erfolg und Anerkennung abhängig.

Treffen Sie positive Aussagen über sich selbst und loben Sie sich für das, was Sie sind und was Sie können. Wenn Sie sich mehr auf alles Positive besinnen, das bei Ihnen schon jetzt vorhanden ist, bekommen Sie die nötige Kraft zur gewünschten Veränderung. Kann es sein, dass Sie durchaus um Ihre Fähigkeiten wissen, aber nicht wagen, sie auszusprechen, nach dem Motto »Eigenlob stinkt«? Realitätsbezogenes Selbstlob hat nichts zu tun mit Selbstgefälligkeit, sondern ist Ausdruck eines gesunden Selbstbewusstseins, das nicht die Schwächen, sondern die Fähigkeiten in den Vordergrund stellt.

Die folgenden Anregungen können Ihnen auf Ihrem Weg zu mehr Selbstvertrauen und Selbstakzeptanz helfen:

- Erstellen Sie ein Stärkenprofil, also eine Liste Ihrer Begabungen, Kenntnisse und guten Eigenschaften. Wo sind Sie exzellent, was können Sie gut, wo können Sie mit anderen durchaus mithalten? Was haben Sie im Leben bereits erreicht? Welche Probleme und Schwierigkeiten haben Sie schon überwunden? Welche Fähigkeiten haben Sie durch Ihren Einsatz erworben? Was mögen oder schätzen andere Menschen an Ihnen?
- Entwickeln Sie hilfreiche Selbstgespräche und reden Sie aufbauend mit sich selbst, wie dies ein Coach mit anderen tut: »Das, was ich jetzt tue, mache ich gut«, »Ich bin liebenswert und erwarte zu Recht Respekt.«
- Stellen Sie sich vor, Sie stünden im Mittelpunkt einer Ehrung (etwa ein runder Geburtstag) und ein guter Freund müsste Ihre Persönlichkeit beschreiben: Welches Bild würde er von Ihnen zeichnen?

- Vergegenwärtigen Sie sich, was andere an Ihnen mögen. Sagen Sie etwa zu sich: »Die anderen schätzen meine Verlässlichkeit und meine Hilfsbereitschaft.« Anerkennen Sie Komplimente als berechtigt, wie etwa: »Ich verdiene Lob, weil ich das gut gemacht habe.«
- Versuchen Sie, schriftlich zusammenzufassen, was andere in den letzten Jahren positiv über Sie gesagt haben.
- Verfassen Sie ein Empfehlungsschreiben zu Ihrer Person für eine berufliche Tätigkeit. Warum sollte die Firma gerade Sie nehmen?
- Verfassen Sie einen Nachruf auf Ihr Leben, wie wenn Sie jetzt sterben würden. Was haben Sie gut gemacht? Wofür sind Ihnen die anderen dankbar?
- Notieren Sie, was eine Person des anderen Geschlechts an Ihnen schätzen und lieben könnte.
- Führen Sie ein Erfolgstagebuch und halten Sie darin Ihre Aktivitäten fest, die Sie jeden Tag erfolgreich erledigt haben.
- Stellen Sie sich vor einen Spiegel und sagen Sie sich: »Ich akzeptiere mich für den Moment so, wie ich bin, ich darf so sein.«
- Machen Sie eine Körperwahrnehmungsübung. Schließen Sie Ihre Augen und gehen Sie im Sinne einer Körperreise Ihren ganzen Körper durch. Was gefällt Ihnen an Ihrem Körper ganz gut? Sagen Sie sich: »Ich akzeptiere meinen Körper im Moment so, wie er ist.« Durch gute Körperpflege und attraktive Kleidung drücken Sie die Wertschätzung für sich selbst aus.

Im Bewusstsein Ihrer Stärken können Sie auch Ihre Schwächen und Fehler notieren und akzeptieren. Was sind die negativen Seiten Ihrer Person? Was davon belastet Sie am meisten? Wenn Sie Ihre Schwächen akzeptieren, werden Sie mögliche Kritik nicht mehr so fürchten wie bisher.

Sonstige Hilfestellungen:
Erwägen Sie Psychotherapie und Medikamente
für den Bedarfsfall

Werde, was du noch nicht bist,
bleibe, was du jetzt schon bist;
in diesem Bleiben und Werden
liegt alles Schöne hier auf Erden.

FRANZ GRILLPARZER

Auch wenn Sie von diesem Buch profitieren konnten, ist es möglich, dass Ihre Selbsthilfekräfte irgendwann einmal erschöpft sind. Wenn Sie nicht mehr weiter wissen, sollten Sie sich an Fachleute wenden: zur nichtmedikamentösen Therapie an einen Psychotherapeuten und zur medikamentösen Therapie an Ihren Hausarzt oder an einen Psychiater. Eine ambulante, manchmal sogar stationäre Behandlung durch Fachleute ist vor allem dann erforderlich, wenn die sozialen Ängste zu einer depressiven Folgesymptomatik oder zu Alkohol- und Medikamentenmissbrauch geführt haben.

Psychotherapie: Lassen Sie sich von Fachleuten helfen

Grundsätzlich können sämtliche anerkannten Psychotherapiemethoden hilfreich für Menschen mit sozialen Ängsten sein, vor allem dann, wenn die große Unsicherheit im Umgang mit sich selbst zu Beziehungsproblemen führt. Die *Verhaltenstherapie* hat sich jedoch als die wirksamste Methode zur Behandlung von Menschen mit sozialen Phobien und sozialen Angststörungen herausgestellt. Zwei Drittel bis vier Fünftel der Betroffenen konnten durch eine verhaltenstherapeutische Behandlung zumindest eine deutliche Besserung ihres Zustandes erfahren. Als ideale, konkret jedoch oft nicht durchführbare Behandlungsform hat sich die Kombination von Einzel- und Gruppentherapie erwiesen. In einer Einzeltherapie kann auf die spezielle Situation von Menschen mit sozialen Ängsten optimal eingegangen werden, in einer Gruppentherapie ist es möglich, soziale Fertigkeiten gezielt einzuüben.

Im Mittelpunkt der Verhaltenstherapie steht nach der Analyse des Denkens und Verhaltens und der Entwicklung von konkreten Therapiezielen die Änderung ungünstiger Denkmuster (durch eine sogenannte »kognitive Therapie«) und der Abbau schädlicher Verhaltensweisen wie etwa Flucht oder Vermeidung (durch eine sogenannte »Expositions- oder Konfrontationstherapie«). Bei Bedarf werden auch andere therapeutische Hilfestellungen angeboten, wie etwa ein soziales Kompetenztraining, ein Entspannungstraining bei erhöhter Grundanspannung oder eine Paartherapie bei Partnerschaftskonflikten. Die Verhaltenstherapie bevorzugt ein strukturiertes und zielorientiertes Vorgehen, das die Chance birgt, konkrete Fortschritte jederzeit erkennen und auf diese Weise Hoffnung auf weiteren Erfolg schöpfen zu können. Dieses Buch ist um eine allgemein verständliche Umsetzung der theoretischen und therapeutischen Konzepte der Verhaltenstherapie bemüht.

In Deutschland besteht eine kostenlose Behandlungsmöglichkeit bei Kassenpsychotherapeuten mit einer von drei anerkannten Methoden (Verhaltenstherapie, Analytische Psychotherapie, Tiefenpsychologisch fundierte Psychotherapie). In Österreich, wo es keine Kassenverträge gibt, bekommen sozialphobische Patienten in Psychotherapien aller derzeit 22 anerkannten Methoden von ihrer Krankenkasse nur einen bescheidenen Kostenzuschuss; für sozial bedürftige Personen ist in (zu) geringem und regional unterschiedlichem Ausmaß sowie oft erst nach längerer Wartezeit über bestimmte Vereine eine kostenlose Psychotherapie möglich.

Die Teilnahme an einer *Selbsthilfegruppe* für Menschen mit sozialen Ängsten, sofern es eine solche in Ihrer Gegend gibt, stellt neben oder alternativ zu einer Psychotherapie eine zusätzliche Unterstützung Ihrer Bemühungen dar. Einschlägige Internet-Seiten können hilfreich sein für Menschen, die sich anfangs gar nicht auf reale Kontakte einlassen können.

Medikamentöse Therapie: Wenn Sie es anders nicht schaffen

Kommen Menschen mit sozialen Ängsten alleine nicht zurecht, ist primär eine Psychotherapie angezeigt. Personen mit einer sozialen Phobie oder sozialen Angststörung können daneben auch von einer Behandlung mit *Psychopharmaka* profitieren, wie verschiedene Wirksamkeitsstudien ergeben haben. Es gibt gegenwärtig keine speziell dafür entwickelten

Medikamente, vielmehr werden mit mehr oder weniger Erfolg jene Anti-depressiva, Beruhigungsmittel und Betablocker eingesetzt, die auch bei Menschen mit anderen Angststörungen und anderen psychischen Störungen (vor allem bei Depressionen) verordnet werden.

Bestimmte *Antidepressiva* – die sogenannten Serotonin-Wiederaufnahmehemmer – gelten als die Mittel erster Wahl. Sie dämpfen über die Beeinflussung des Botenstoffes *Serotonin* im Gehirn die Erregbarkeit der Nerven und schaffen eine gewisse Distanziertheit zu den Angst machenden Gedanken und Vorstellungen. Laut Studien helfen sie zumindest jedem zweiten Sozialphobiker. Bei gleichzeitiger depressiver Verstimmung können sozialphobische Patienten zusätzlich davon profitieren. Um Nebenwirkungen wie Übelkeit oder innere Anspannung zu vermindern, sind diese Mittel anfangs einige Tage lang in halber Dosierung einzunehmen. Nach dem Absetzen der Antidepressiva (ebenfalls langsam über den Weg einer Dosisreduktion) kommt es allerdings häufig zu Rückfällen, wie dies bei psychologisch-psychotherapeutischen Behandlungskonzepten nicht in diesem Ausmaß vorkommt. Die Medikamentengruppe der Serotonin-Wiederaufnahmehemmer ist derzeit auf dem Markt mit sechs Substanzen vertreten, die wiederum in Form zahlreicher Originalpräparate und »Kassenpräparate« (sogenannter Generika, einem »Nachbau« der Originalpräparate mit ausgelaufenem Patentschutz) verordnet werden.

Neben den chemischen Bezeichnungen werden in Klammern einige bekannte Markenpräparate in Deutschland und Österreich angeführt: Fluoxetin *(Fluctin, Fluctine)*, Fluvoxamin *(Fevarin, Floxyfral)*, Paroxetin *(Seroxat)*, Sertralin *(Zoloft, Gladem, Tresleen)*, Citalopram *(Cipramil, Seropram)* und Escitalopram *(Cipralex)*. In neuerer Zeit hat sich auch ein anderes modernes Antidepressivum als wirksam herausgestellt, nämlich der sogenannte *Serotonin-Noradrenalin-Wiederaufnahmehemmer* Venlafaxin (Markenpräparate *Trevilor, Efectin*). Im Gegensatz zur rascher einsetzenden antidepressiven Wirkung (nach etwa zwei Wochen) tritt die antiphobische Wirkung dieser Antidepressiva oft erst mit zeitlicher Verzögerung auf. Die Einnahme derartiger Substanzen ist nur sinnvoll, wenn sie konstant über einen Zeitraum von mindestens sechs Monaten erfolgt, um einen stabilen Spiegel aufzubauen. Darüber hinaus scheinen auch bestimmte Mittel, die primär bei Epilepsie eingesetzt werden, bei krankhaften sozialen Ängsten wirksam zu sein, vor allem die Substanz Pregabalin *(Lyrica)*.

Beruhigungsmittel, bekannt als »Tranquilizer« aus der Gruppe der Benzodiazepine, können vorübergehend in der Akuttherapie einige Wochen lang erfolgreich eingesetzt werden, bei längerer regelmäßiger Einnahme besteht jedoch die Gefahr der Abhängigkeit. Bewährt haben sich vor allem die hochpotenten, rasch wirksamen Substanzen. Es handelt sich dabei um folgende Mittel (in Klammern die Markenpräparate in Deutschland und Österreich): Alprazolam *(Tafil, Xanor)*, Clonazepam *(Rivotril)* und Lorazepam *(Tavor, Temesta)*. Wirksam sind aber auch andere bekannte Benzodiazepine wie etwa Diazepam *(Valium, Psychopax-Tropfen)*, Bromazepam *(Lexotanil)* oder Oxazepam *(Praxiten, Adumbran)*.

Beta-Rezeptoren-Blocker besetzen (blockieren) die Beta-Rezeptoren des Herzens, verhindern die Reizübertragung und verringern damit die aktivierende Wirkung der Stresshormone Adrenalin und Noradrenalin. Herzschlag und Blutdruck werden gesenkt, stressbedingtes Erröten durch starken Blutdruckanstieg bleibt damit aus. Beta-Rezeptoren-Blocker wirken im Gegensatz zu Tranquilizern nicht auf die »Angstzentrale« im Gehirn – das limbische System mit der Amygdala – ein, sondern auf die »Peripherie«, das heißt auf den Körper, um die Symptome Herzklopfen, Herzrasen, Blutdrucksteigerung, Schwitzen und Zittern zu verhindern oder zu vermindern. Das Problematische daran ist: Die Ursachen der Angst – die ängstlichen Gedanken im Kopf – werden dadurch aber nicht beeinflusst, es geht primär um eine geringere soziale Auffälligkeit.

Die Wirkung von Betablockern setzt relativ schnell ein (innerhalb von 45–60 Minuten). Präparate wie *Inderal* und *Dociton* (Substanz Propanolol) werden gewöhnlich in einer Dosis von 10–20 mg eine Stunde vor dem Ereignis eingenommen. Das ist eine wesentlich geringere Dosis, als bei Bluthochdruck nötig wäre. Diese Mittel werden bei Lampenfieber, vor allem bei Auftritts- und Präsentationsängsten, erfolgreich eingesetzt, wie dies etwa bei Musikern und Sängern der Fall ist (Violinspieler etwa fürchten das Zittern der Hände); sie reduzieren die gefürchteten körperlichen Symptome. Dabei kommt auch ein psychologischer Effekt ins Spiel: Weil der Körper trotz Angst ruhiger bleibt, erfolgt keine ängstliche Selbstbeobachtung, was die Konzentration auf die Aufgabe erleichtert. Bei Menschen mit einer generalisierten Sozialphobie, das heißt mit Ängsten in allen möglichen sozialen Situationen, sind Beta-Blocker ebenso unwirksam wie bei Personen mit ständigen Erwartungsängsten.

Pflanzliche Präparate stellen bei einer ausgeprägten Sozialphobie keine wirksame Alternative zu Medikamenten dar. Es gibt keine wissenschaftlichen Belege dafür, dass Mittel auf der Basis von Baldrian, Hopfen, Melisse, Lavendel oder Johanniskraut bei krankhaften sozialen Ängsten anstelle von Psychopharmaka empfohlen werden können. Die klinische Erfahrung zeigt jedoch, dass sie bei leichteren (»normalen«) sozialen Ängsten, wie etwa Prüfungsangst, helfen können. Das angstlindernde Mittel Kava-Kava (ein Rauschpfeffer-Gewächs) wurde wegen der Gefahr von Leberschäden EU-weit verboten.

Schluss

*Was immer du tun kannst oder
erträumst zu können, beginne es.
Kühnheit besitzt Genie, Macht und
magische Kraft. Beginne es jetzt.*

JOHANN WOLFGANG VON GOETHE

Wir haben uns bemüht, Ihnen mit unserem Zehn-Schritte-Programm eine Anleitung zum erfolgreichen Umgang mit Ihren Mitmenschen zu bieten – Hilfestellungen zu einem Leben mit weniger Angst und Vermeidungsverhalten, dafür mit mehr Wertschätzung sich selbst gegenüber und mehr Vertrauen zu anderen Menschen. Es liegt an Ihnen auszuwählen, welche Schritte in der momentanen Situation für Sie hilfreich und welche weniger bedeutsam sind.

Bedenken Sie: Sie können niemanden verändern außer sich selbst. Sie haben nie die Kontrolle über das Denken, Fühlen und Handeln anderer Menschen, sondern nur die Chance, Ihr eigenes Denken, Fühlen und Handeln zu verändern. Sie müssen die Angst vor den anderen nicht völlig überwinden, um sozial erfolgreich handeln zu können. Es reicht, wenn Sie in zunehmendem Vertrauen zu sich selbst und mit Engagement für Ihre Ziele sich mehr als bisher auf Ihre Umwelt einlassen, durch positive Erfahrungen Ihre negativen Erwartungen korrigieren und auf diese Weise ein anderes Bild von sich selbst und Ihren Mitmenschen bekommen. Warten Sie nicht länger, dass die Angst völlig verschwinden möge, sondern gehen Sie mutig und neugierig auf Ihre Mitmenschen zu, um mehr vom Leben zu haben – trotz gelegentlicher Angst!

Literatur

Alsleben, H. & Hand, I. (Hg.) (2006): Soziales Kompetenztraining. Gruppentherapie bei sozialen Ängsten und Defiziten, München: Urban & Fischer.

Ambühl, H., Meier, B. & Willutzki, B. (2006): Soziale Angst verstehen und behandeln. Ein kognitiv-verhaltenstherapeutischer Zugang (Leben Lernen 145), Stuttgart: Klett-Cotta.

André, C. (2009): Unvollkommen, aber stark. Die Kraft des Selbstbewusstseins, München: Droemer Knaur.

André, C. (2009): Alles über Angst. Wie Ängste entstehen und wie man sie überwinden kann, Stuttgart: Kreuz.

André, C. & Legeron, P. (1999): Bammel, Panik, Gänsehaut. Die Angst vor den anderen, Leipzig: Gustav Kiepenheuer (vergriffen).

Antony, M. (2004): 10 Simple Solutions to Shyness. How to Overcome Shyness, Social Anxiety & Fear of Public Speaking, Oakland, CA: New Harbinger.

Antony, M. M. & Swinson, R. P. (2008): The Shyness & Social Anxiety Workbook. Proven, Step-by-Step Techniques for Overcoming Your Fear (2. Auflage), Oakland, CA: New Harbinger.

Antony, M. M. & Rowa, K. (2008): Social Anxiety Disorder. Advances in Psychotherapy. Evidence-Based Practice, Göttingen: Hogrefe & Huber.

Axelby, C. P. (2009) (Hg.): Social Phobia. Etiology, Diagnosis and Treatment, New York: Nova Biomedical Books.

Bandelow, B. (2008): Das Buch für Schüchterne. Wege aus der Selbstblockade, Reinbek bei Hamburg: Rowohlt.

Beidel, D. C. & Turner, S. M. (2007): Shy Children, Phobic Adults. Nature and Treatment of Social Anxiety Disorder (2. Auflage), Washington, DC: American Psychological Association.

Berent, J. & Lemley, A. (1993): Beyond Shyness. How to Conquer Social Anxieties, New York: Simon & Schuster.

Butler, G. (2006): Schüchtern – na und? Selbstsicherheit gewinnen (2. Auflage), Bern: Huber.

Butler, G. (2007): Overcoming Social Anxiety and Shyness Self-Help Course. A 3-Part Programme Based on Cognitive Behavioural Techniques, London: Robinson.

Carducci, B. J. (2002): Erfolgreich schüchtern. Der Weg zu einem neuen Selbstwertgefühl, Frankfurt am Main: S. Fischer.

Carducci, B. J. (2005): The Shyness Workbook. 30 Days to Dealing Effectively with Shyness, Champaign, IL: Research Press.

Clark, D. A. & Beck, A. T. (Hg.) (2010): Cognitive Therapy of Anxiety Disorders. Science and Practice, New York: The Guilford Press.

Consbruch, K. & Stangier, U. (2010): Ratgeber Soziale Phobie. Informationen für Betroffene und Angehörige, Göttingen: Hogrefe.

Crozier, W. R. & Alden, L. E. (2005): The Essential Handbook of Social Anxiety for Clinicians, Chichester, Wiley.

Crozier, W. R. & Alden, L. E. (2009): Coping with Shyness and Social Phobias. A Guide to Understanding and Overcoming Social Anxiety, Oxford: Oneworld.

Dieme, C., Wagner, A. & Meyer, J.-U. (2007): Angst vorm Erröten? Erythrophobie: Hintergründe, Auswege und Erfolgsberichte Betroffener (2., überarbeitete Auflage), Leipzig: Stillwasser.

Eifert, G. H, & Forsyth, J. P. (2008): Akzeptanz- und Commitment-Therapie für Angststörungen. Ein praktischer Leitfaden zur Anwendung von Achtsamkeit, Akzeptanz und wertgeleiteten Verhaltensänderungsstrategien, Tübingen: dgvt.

Fehm, L. & Wittchen, H.-U. (2009): Wenn Schüchternheit krank macht. Ein Selbsthilfeprogramm zur Bewältigung Sozialer Phobie (2., korrigierte Auflage), Göttingen: Hogrefe.

Flowers, S. H. & Brantley, J. (2009): The Mindful Path Through Shyness. How Mindfulness & Compassion Can Help Free You from Social Anxiety, Fear, & Avoidance, Oakland, CA: New Harbinger.

Forsyth, J. P. & Eifert, G. H. (2010): Mit Ängsten und Sorgen erfolgreich umgehen. Ein Ratgeber für den achtsamen Weg in ein erfülltes Leben mit Hilfe von ACT, Göttingen: Hogrefe.

Heidenreich, T., Mitte, K. & Stangier, U. (2006): Diagnostik bei Sozialen Phobien, Göttingen: Hogrefe.

Heimberg, R. G. & Becker, R. E. (2002): Cognitive-Behavioral Group Therapy for Social Phobia. Basic Mechanisms and Clinical Strategies (Treatment Manuals for Practitioners), New York: The Guilford Press.

Hilliard, E. B. (2005): Schüchtern – und erfolgreich. Wie Sie selbstbewusst mit Schüchternheit und Ängsten umgehen, Frankfurt am Main: mvg.

Hinsch, R. & Pfingsten, U. (2007): Gruppentraining sozialer Kompetenzen GSK. Grundlagen, Durchführung, Anwendungsbeispiele (5., vollständig überarbeitete Auflage), Weinheim: Beltz PVU.

Hinsch, R. & Wittmann, S. (2003): Soziale Kompetenz kann man lernen, Weinheim: Beltz PVU.

Hofmann, S. G. & Otto, M. W. (2008): Cognitive Behavioral Therapy of Social Anxiety Disorder. Evidence-Based and Disorder-Specific Treatment Techniques, New York: Routledge Chapman & Hall.

Hollander, E. & Bakalar, N. (2005): Coping with Social Anxiety. The Definitive Guide to Effective Treatment Options, New York: Holt.

Hope, D. A. & Heimberg, R. G. & Juster, H. A. (2004): Managing Social Anxiety. A Cognitive-Behavioral Therapy Approach Client Workbook, New York: Oxford University Press.

Hope, D. A., Heimberg, R. G. & Turk, C. L. (2006): Managing Social Anxiety. A Cognitive-Behavioral Therapy Approach. Therapist Guide, New York: Oxford University Press.

Katschnig, H., Demal, U. & Windhaber, J. (Hg.) (1998): Wenn Schüchternheit zur Krankheit wird ... Über Formen, Entstehung und Behandlung der Sozialphobie, Wien: Facultas.

Leary, M. R. & Kowalski, R. M. (1995): Social Anxiety, New York: The Guilford Press.

Leary, R. L. (2008): The Worry Cure. Stop Worrying and Start Living, London: Piatkus.

Leary, R. L. (2009): Anxiety Free. Unravel Your Fears Before They Unravel You, London: Hay House.

Marks, I. (1993): Ängste. Verstehen und bewältigen (2. Auflage), Berlin u. a.: Springer.

Markway, B. & Markway, G. (2008): Frei von Angst und Schüchternheit. Soziale Ängste besiegen – ein Selbsthilfeprogramm (7. Auflage), Weinheim: Beltz.

Merkle, R. (2009): So gewinnen Sie mehr Selbstvertrauen. Ein praktischer Ratgeber zur Überwindung von Minderwertigkeitsgefühlen und Selbstzweifeln (22. Auflage), Mannheim: PAL.

Merkle, R. (2003): Lass Dir nicht alles gefallen: Wie Sie Ihr Selbstbewußtsein stärken und sich privat und beruflich besser durchsetzen können (14. Auflage), Mannheim: PAL.

Morschitzky, H. (2009): Die Angst zu versagen und wie man sie besiegt (4. Auflage), Düsseldorf: Patmos.

Morschitzky, H. (2009): Angststörungen. Diagnostik, Konzepte, Therapie, Selbsthilfe (4., überarbeitete und erweiterte Auflage), Wien u. a.: Springer.

Morschitzky, H. & Sator, S. (2010): Die zehn Gesichter der Angst. Ein Selbsthilfe-Programm in 7 Schritten (5. Auflage), Mannheim: Patmos.

Rapee, R. M. (1998): Overcoming Shyness and Social Phobia. A Step-by-step Guide, Northvale, NJ: Jason Aronson.

Schmidt, L. A. & Schulkin, J. (Hg.) (1999): Extreme Fear, Shyness, and Social Phobia. Origins, Biological Mechanismen, and Clinical Outcomes, New York: Oxford University Press.

Schuster, M. (2005): Schüchternheit kreativ bewältigen. Ein Ratgeber, Göttingen: Hogrefe.

Schütz, A. (2005): Je selbstsicherer, desto besser? Licht und Schatten positiver Selbstbewertung, Weinheim: Beltz PVU.

Searle, R. (2008): Overcoming Shyness and Social Anxiety, London: Sheldon Press.

Stangier, U. & Fydrich, T. (Hg.) (2002): Soziale Phobie und Soziale Angststörung. Psychologische Grundlagen, Diagnostik und Therapie, Göttingen: Hogrefe.

Stangier, U., Clark, D. M. & Ehlers, A. (2006): Soziale Phobie (Fortschritte der Psychotherapie 28), Göttingen: Hogrefe.

Stangier, U., Heidenreich, T. & Peitz, M. (2009): Soziale Phobien. Ein kognitiv-verhaltenstherapeutisches Behandlungsmanual (2., korrigierte und erweiterte Auflage), Weinheim: Beltz PVU.

Stein, M. B. & Walker, J. R. (2003): Triumph over Shyness. Conquering Shyness and Social Anxiety, New York: McGraw Hill.

Stravynski, A. (2007): Fearing Others. The Nature and Treatment of Social Phobia, New York: Cambridge University Press.

Tarr, I. (2009): Lampenfieber. Stark sein unter Stress, Freiburg im Breisgau: Herder.

Vriends, N. & Margraf, J. (2005): Soziale Kompetenz, Soziale Unsicherheit, Soziale Phobie. Verstehen und Verändern (3., aktualisierte und vollständig überarbeitete Auflage), Baltmannsweiler: Schneider Verlag Hohengehren.

Wengenroth, M. (2008): Das Leben annehmen. So hilft die Akzeptanz- und Commitmenttherapie (ACT), Bern: Huber.

Wlazlo, Z. (1995): Soziale Phobie. Eine Anleitung zur Durchführung einer Exposition in vivo, Basel: Karger.

Wolf, D. (2003): Keine Angst vor dem Erröten. Psychologische Strategien zur Selbsthilfe (3. Auflage), Mannheim: PAL.

Wolf, D. (2007): Nur Mut zum ersten Schritt. Wie Sie auf andere zugehen und sich ungezwungen unterhalten können (6. Auflage), Mannheim: PAL.

Zimbardo, P. G. (1994): Nicht so schüchtern. So helfen Sie sich selbst aus Ihrer Verlegenheit (8. Auflage), Frankfurt am Main: mvg.

Angst vor Scheitern und Misserfolg

Hans Morschitzky
**Die Angst zu versagen und
wie man sie besiegt**

Format 13,2 x 20,6 cm
230 Seiten
Klappenbroschur
ISBN 978-3-491-40137-2

Erfolgsdruck, Leistungsdruck, Perfektionismus – die Angst zu versagen zerstört das Selbstwertgefühl und nimmt die Lebensfreude. Immer mehr Menschen fürchten, den steigenden Anforderungen in Beruf und Privatleben nicht mehr gerecht zu werden. Der erfahrene Psychotherapeut Hans Morschitzky zeigt die Hintergründe der häufigsten Versagensängste auf und gibt in einem 20-Schritte-Programm konkrete Hilfestellungen, wie Betroffene ihre Ängste überwinden können.

Patmos-Verlag
www.patmos.de

Ängste loswerden

Hans Morschitzky / Sigrid Sator
Die zehn Gesichter der Angst
Ein Selbsthilfe-Programm in 7 Schritten

Format 14,0 x 21,3 cm
204 Seiten
Paperback
ISBN 978-3-491-40167-9

Angststörungen sind weit verbreitetet. Fast jeder Vierte erkrankt im Laufe seines Lebens daran. Der Psychotherapeut Hans Morschitzky und die Wissenschaftsjournalistin Sigrid Sator beschreiben die wichtigsten Ängste und zeigen, wie man sie in einem 7-Schritte-Programm bewältigen kann.

»Das Buch hebt sich deutlich von anderer Selbsthilfeliteratur ab: auf jeder Seite ist spürbar, dass Morschitzky langjährige klinische Erfahrung mit dieser Patientengruppe hat.« *Deutsches Ärzteblatt*

Patmos-Verlag
www.patmos.de